KB254096

출판사를 사로잡는 책쓰기 비밀

이야기로 배우는 책 쓰기의 모든 것

출판사를 사로잡는 책쓰기 비밀

류대국 · 권병두 지음

이야기로 배우는 책 쓰기의 모든 것

똑같은 글을 써도 출판사와 계약하여 저자가 되는 사람이 있고, 출판사로부터 거절 메일만 받는 사람이 있다. 출판사가 원하는 원고가 무엇인지 아는 사람과 모르는 사람의 차이다.

이 책에는 출판사 사람들이 출간 계약을 맺고 싶어하는 원고의 비밀이 담겨 있다.

우리는 그 비밀을 전달하기 위해 이야기라는 형태를 빌렸다. 이 글의 주인공 김치국은 출판사에 투고한 뒤 거절 메일을 받는다. 이 거절 메일을 '한번 뵙고 싶다'는 출판사의 전화로 바꾸기 위해 주인공 김치국은 강원도 어느 별장으로 과외 수업을 받으러 떠난다. 그 곳에서 만난 출판 스승들로부터 그가 배우는 노하우는 무엇일까?

지금부터 함께 알아보자.

차례

제1장 · 출판사 사람들의 속마음 들여다보기

제5장 · 출간제안서 작성부터 계약, 인쇄, 출간과정 등
남은 궁금증들

출판사 사람들의 속마음 들여다보기

어렵게 투고한 원고,
거절 메일을 받다

메일함을 열었다. 9통의 광고 메일 사이에 편지 한 통이 눈에 띄었다.

re: 출간제안서(김치국)

가슴이 뛰었다. 일주일 전에 보낸 출간제안서에 첫 번째 답신이 도착했다. 마우스를 클릭하고 커피를 벌컥벌컥 들이켰다(앗 뜨거!).

"안녕하세요? 난미출판사입니다. 귀하의 원고는 우리 출판사의 출간방향과 맞지 않아서……"

뜨거운 커피에 입천장을 대는 와중에도 '맞지 않아서'라는 문구가 포인트 50짜리 고딕 글자처럼 망막에 박혔다.

아주 잠시, 그 말이 의미하는 내용이 무엇인지 헷갈렸다. 아마도 내 마음이 그 두 단어를 부정하고 싶었으리라.

휴지를 뜯어 책상에 흘린 커피 국물을 닦으며 문장을 처음부터 다시 읽었다.

'난미출판사…… 출간방향과 맞지 않아서……'

페이스북 친구 신청을 거절당했을 때만큼이나 이 출판사 이름은 잊히지 않을 것 같았다. 이름이 '난미'가 뭔가? 난민도 아니고, 남미도 아닌 이 기묘한 이름. 내가 투고한 출판사가 맞는지 의심스러울 만큼 거부감이 드는 이름. 도대체 출간방향과 맞지 않다니, 이건 무슨 뜻인가?

'글이라고 부르기에는 민망한 원고니 다른 곳이나 알아보라는 뜻을 이렇게 완곡하게 표현한 거겠지? 이런!'

아마 30분 정도 분노의 늪에서 허우적거린 것 같다. 정신을 차리고 나자 가장 먼저 든 생각은 이랬다.

'아니, 고작 거절 메일 한 통 받고 세상이 끝난 것처럼 굴다니! 하하, 치국아, 너 너무 옹졸했어.'

하지만 이틀 뒤 세 통의 거절 메일을 연달아 받고 난 뒤에는 이성이 마비 수준에 이르렀다. 부서져라 화장실 문을 닫은 뒤 온몸에 차가운 물을 받으며 미친 사람처럼 소리를 질렀다.

"니들이 뭔데 안 맞는대!"

일주일 동안 총 6통의 거절 메일이 왔다. 내용은 한결 같았다.

"우리 출판사와 출간방향이 맞지 않습니다."

회사를 다니는 동안 끊임없이 던졌던 질문 가운데 하나가 '이 회사가 나와 궁합이 맞는가'였다. 9년 동안 6번 회사를 옮길 때마다 똑같은 질문을 던지고 또 던졌다. 그러나 내 작은 소망은 번번이 빗나갔고, 아웃사이더처럼 회사 언저리를 겉돌았다. 친구는 모처럼 좋은 곳으로 옮겼으니 3년만 꾹 참고 다니라며 충고했다. 모질게 마음을 먹었다. 벙어리 3년 귀머거리 3년이라고, 봐도 못 본 척 들어도 못 들은 척 살면 그까짓 3년을 못 채울까 싶었다. 참고 견디다 보면 신나고 보람을 느끼는 순간도 맞았다. 그러나 두통과 함께 월요병이 도지고, 모처럼 떠난 여름휴가를 빌미로 '이 회사에 다니는 건 행복한 삶은 아닌 것 같다'고 느끼며 이직을 거듭하다 보니 9년의 세월이 흘렀다.

'책'을 만난 건 우연이었다. 여름 끝물에 불어오는 선선한 바람처럼 3년 전에도 직장 부적응병이 단풍과 함께 내 마음을 물들였다. 마음이 어지럽던 그날, 나는 모처럼 고등학교 동창을 만나기로 했다. 녀석은 종로에서 근무하고 있었다.

'광화문 교보문고 알지? 거기서 보자.'

36년을 살았지만 서점과는 거리가 멀던 나는 교보문고가 지하에 있다는 사실에 깜짝 놀라고, 서점이 인파로 가득하다는 사실에 두 번 놀랐다. 몸 둘 곳도 모르겠고, 손 둘 곳도 찾을 수 없었다. 탈모약과 무좀약 사이에 어색하게 놓여 있는 콘돔마냥 여기는 내가 있어야 할 곳이 아닌 것 같았다. 어둠에 눈이 익듯 서점 분위기에 차츰 적응되어갔고, 마침 친구의 도착도 늦어지고 있었다. 어렵사리 발걸음을 떼어 사람들이 몰리는 서점 진열대 쪽으로 걸어갔다. 예쁜 진열장의 장식품처럼 보이던 책들이 잠시 후 말을 걸어오기 시작했다.

인생혁명…… 당신의 삶이 바뀐다……지금 당장 시작하라…… 당신이 원하는 삶인가요…… 인생역전…… 행복을 찾아서……

아무 생각 없이 책 제목을 읽다가 문득 발걸음을 멈췄다. 책이 진열된 곳에는 '자기계발'이라는 팻말이 붙어 있었다. 내 시선이 닿는 모든 곳에서 내 마음의 외침을 보았다. 이 모든 책이 마치 나의 고민을 알고 있는 것 같았다.

책과 만나게 된 후로 일주일에 최소한 2번 이상 서점에 들렀다. 이삿짐센터 같은 이름의 온라인서점 예스24가 있다는 것도 알았고, 가구나 옷 따위를 파는 곳인 줄 알았던 인터파크에서 책을 살 수 있다는 것도 그때 알았다. 하늘을 나는 양탄자와 요술램프가 떠오르는 알라딘이라는 서점명은 홈페이지 디자인만큼이나 마음에 쏙 들었다.

책을 만난 뒤로 내 공허한 마음 한 구석에서 눈덩이처럼 자라고 있는 게 있었다. 처음에는 너무 희미해서 어떻게 생긴 녀석인지 몰랐지만 그 마음을 대변하는 문장을 되풀이해서 만나는 동안 내 마음의 작은 점은 쑥쑥 자라 드디어 얼굴을 드러냈다.

'제2의 인생'

지금의 삶에서 행복을 찾을 수 없다고 말하는 사람은 나뿐이 아니었다. 생각보다 많은 사람들이 지금 다니는 회사가, 지금 하고 있는 일이, 지금 살아가는 모습이 자신의 발에 맞지 않는 신발이었다. 그 호랑말코 같은 김 부장도 이런 마음일까.

정말 하고 싶은 일을 하며 살고 싶었다. 정말 나에게 딱 맞는 일을 하고 싶었다. 내게는 책 속에 제2의 인생이 있는 것처럼 보였다. 아직은 돈이 필요하니까 직장생활을 이어가자. 대신 시간을 아껴서 책을 읽고, 나아가 책도 쓰고, 나처럼 몸에 맞지 않는 옷 때문에 방황하는 사람들에게 새로운 길을 안내해주는 강사로 활동하며 살자.

나는 책을 통해 직장 밖에도 길이 있음을 깨달았다. 누군가 터놓은 낡고 오래된 길을 한 걸음만 벗어나면 아무도 밟지 않은 눈 덮인 길이 펼쳐진다. 책은 고리타분한 옛 이야기가 아니라 손을 뻗으면 닿을 것 같은 내일의 이야기를 풀어놓고 있었다. 책은 내게 위로가 되었고, 힘이 되었으며, 어릴 적 꿈꾸던 희망을 품도록 도와주었다. 직장 생활 9년이면 할 만큼 했다. 나는 수많은 책들이 내게 불어넣었던 '힘'에 기대어 과감하게 인생을 선택하기로 결심했다. 나에게 맞는 옷이 분명 책 속에 있을 것이라고 여기며.

책을 읽기 시작한 지 2년이 지났을 무렵, 나는 책 쓰기에 도전했다. 그게 불과 1년 전의 일이다. 어렵사리 원고를 완성한 것은 3개월 전으로, 사직서를 내면서 나는 새로운 인생에 한 발 들여놓았다고 믿었다. 샐러리맨들이 출근을 서두르던 9월의 첫째 날, 나는 이른 아침의 한가로움을 즐기며 서점에 들어섰다. 그날 종일 서점을 돌아다니며 출판사 이메일을 스마트폰으로 찍었다. 집에 돌아와 이메일을 정리하고 내 원고와 어울릴 만한 출판사를 선별하여 100군데 가깝게 출간제안서를 보냈다.

그러나 돌아온 답변은 '당신은 우리 출판사랑 맞지 않아요.'였다.

내가 직장을 때려치우고 나올 때 회사 지인 한 명은 악수를 뿌리치며 이렇게 말했다.

"지금은 네가 회사를 거절하고 당당하게 나가는 것 같겠지. 그런데 세상에 나가봐라. 이제는 세상이 너를 거절할걸."

우리는 출판사 거절 메일의
의미조차 모른다

　원고 투고 후 2주일째가 되던 날, 더 이상 동아줄을 기대할 수 없다는 사실을 깨달았다. 두 평짜리 방을 서성이다 책장에 꽂혀 있는 수백 권의 책이 눈에 들어왔다. 불과 3년 사이, 좁아터진 방에는 10만 원짜리 중고 5단 책장이 두 개 놓이고 일주일 단위로 3~4권의 책이 꽂혔다. 다시 읽고 싶은 책은 따로 책상에 쌓아두고 '2독', '3독' 하고 횟수와 날짜를 표기하며 읽고 또 읽었다. 글쓰기와 관련된 책은 책꽂이 하나를 따로 마련하여 보물처럼 모셨다. 문장 강화시키는 방법, 첫 문장 쓰는 방법, 독자의 마음을 사로잡는 글쓰기 비법 등 제목만 보면 가슴이 설레던 책들이 외상장부처럼 소중히 보관되어 있었다. 하지만 그날은 금방 거미줄이라도 칠 것처럼 책장은 을씨년스러웠다. 모자를 뒤집어쓰고 집을 빠져나왔다.

평소에 다니던 큰 길을 버리고 좁다란 골목길로 접어들었다. 모퉁이를 돌자 꼬부랑 할머니 두 분이 허름한 1층집 담벼락에 기대어 햇볕을 피하고 있었다. 발걸음이 주춤했다. 당황한 기색을 지우며 빠른 걸음으로 골목을 빠져나왔다. 걸을수록 사람이 많아졌다. 사람이 많아질수록 얼굴을 둘 곳이 없었다. 지하철역까지는 길이 멀었다.

낯선 환승역에서 발길 닿는 대로 열차를 갈아탔다. 인적이 드문 역에서 내려 역내 벤치에 앉아 있다가 다시 열차에 올라타고 한강공원을 걸었다. 간간히 자전거가 지나가고 손잡은 연인이 하하호호 걸어 다녔다. 캔맥주를 뜯어서 목구멍에 들이붓다가 자리를 이동하고, 또 다른 캔을 뜯다가 자리를 떴다. 사람들의 시선을 피해 얌체공처럼 이리저리 도망치다 홍대 어느 주점에서 정신을 차렸다. 시간은 새벽 1시에 가까웠다.

테이블 통로에는 두어 사람이 어깨를 들썩이며 춤을 추고 있었다. 바텐더는 CD를 꺼내 들고 수록곡을 살피고 있었다.

빈 잔에 맥주를 따라 마시려는 순간이었다. 옆 좌석이 꽉 차는 느낌과 함께 낮고 굵은 목소리가 들려왔다.

"오늘은 손님이 드문 날인데, 별일이군요. 실직자들이 많은 모양이지."

팔뚝에 검은 실처럼 털이 북슬북슬한 남자가 앉았다. 바텐더가 그에게 술잔과 보드카 한 병을 건네주었다.

"술이란 게 말이지, 마시지 않으면 하루가 끝나질 않거든. 크크."

그는 시키지도 않은 말을 혼자 떠들며 작은 잔을 입에 털어 넣었다.

"형씨도 사는 게 답답한가."

기습이었다. 가능하면 말을 섞지 않으려고 통로에서 먼, 구석 진 자리에 앉았으나 그는 내 맥주병을 낚아채 빈 잔을 채워주며 싱글벙글 웃었다.

그는 두 번째 잔을 홀랑 비우고 '크크' 하고 웃었다. 어색한 시간이 이어졌다. 보아하니 퇴근길에 잠시 들러 속을 달래는 자영업자 같았으나 그는 좀처럼 일어설 기미가 없었다. 두루미처럼 목이 긴 보드카 병의 수위가 바닥을 보일 때까지 그의 펄펄한 기운은 잦아들 줄 몰랐다. 나는 점점 구석으로 몸을 숨기며 그의 시선에서 벗어나려고 했다.

"이건 뭐요?"

그가 팔을 들어 보였다. 그의 큼직한 손에는 책 한 권이 애처롭게 들려 있었다.

"문장 기가 막히게 잘 쓰는 방법이라? 혹시 당신 거요?"

털어도 '기가 막힐 비법' 하나 나오지 않는 저 책이 왜 여기 있는 거지? 가만 생각해 보니, 집을 나설 때 습관처럼 옆구리에 끼고 나왔던 모양이다. 지난 3년간 책 없이 다녔던 적이 없었다. 참, 기가 막힌 습관이 아닌가.

"예, 제 책인 것 같습니다."

"같습니다는 또 뭐요."

그는 책장을 휘리릭 넘겨보더니 뚜껑 없는 휴지통에 책을 처넣었다.

"이게 글을 쓰게 만들어준다고? 그렇담, 세상의 모든 책이 마법처럼 사람들을 바꿔준다는 말인가?"

그의 덩치를 보고 애초부터 대들겠다는 생각 따위는 접었지만 그가 건드린 건 절망에 빠져 오늘을 잊고 싶은 나의 마지막 자존심이었다. 술잔을 내리쳤다. 쾅.

"제가 지난 1년간 글을 쓰기 위해 어떤 노력을 했는지 아십니까? 제가 지금 어떤 기분인지 아시냐고요?"

그때까지 나는 그의 얼굴을 제대로 쳐다보지 못하고 있었다. 굳이 볼 필요야 없었지만 공연히 엮이고 싶은 마음이 없었던 탓도 컸다. 그러나 이제는 내 표정을 그에게 보여주어야 할 때였다. 나는 구석 진 자리에서 몸을 틀어 그를 향해 돌아앉았다.

그의 눈빛을 지금도 잊을 수 없다. 그는 온화한 표정으로 미소 짓고 있었다. '나는 당신의 마음을 아프게 하려던 게 아니요.' 하는 그 표정은 가끔 술을 즐기는 호인에게서 볼 수 있는, 닳고 닳아 편안해진 얼굴이었다. 그의 피부는 백옥처럼 하얗다.

"형씨, 저자가 되고 싶었던 모양이군요. 하지만 내 말을 믿어요. 저런 책을 읽는다고 글을 잘 쓸 수는 없어."

"나 같은 사람에게는 동아줄이라도 필요한 겁니다."

"그 동아줄은 가짜야. 아무리 기다려도 오지 않는 기차라고. 아이 버리고 도망치는 엄마가 며칠 밤만 있다 올게, 하고 남기는 거짓말이 차라리 나을지 모르지."

"뭘 안다고 그렇게 말씀하십니까?"

그는 표정의 변화 없이 여전히 나를 부드럽게 바라보며 말했다.

"조금 알지. 단추를 풀어헤치고, 머리는 산발을 하고, 어깨는 축 늘어뜨리고, 맥주는 있는 대로 들이붓고 있는 사람은 절망한 게 아니라 자존심에 상처를 입었거나 배신감에 치를 떨고 있다는 사실쯤은 말이야."

건너편 창에 내 모습이 비쳤다. 술독에 빠진 도깨비처럼 그림자가 흔들렸다.

"작가가 되고 싶다고? 아름다운 희망이군. 하지만 희망을 가지려면 저따위 책부터 버려야지, 암. 저런 책이 별 도움이 안 된다는 사실을 절절히 깨달아야 한다고."

"저는 지금 현실을 배우고 있는 중입니다. 이미 투고도 해봤고, 거절 메일도 여러 통 받았고요."

그가 술잔을 비웠다.

"당신은 아직 현실을 몰라. 출판사에서 원고가 반려되었다고 해서 현실을 알게 되는 건 아니야. 왜 그들이 거절했는지 이유는 알고 있나?"

"……"

말문이 막혔다. 그의 지적은 일리가 있었다. 나는 아직도 왜 내 원고가 거절당했는지 이유조차 모르고 있었다. 그들이 말하는 '출간방향이 맞지 않다'는 말의 의미를 이해하지 못했다.

“진실을 마주하게. 애들 장난 같은 책이나 보면서 헛된 희망을 품지 말고.”

이상한 기분이었다. 두 눈은 그를 쏘아보고 있었는데 두 귀는 그의 말을 계속 듣고 있었다. 그가 내 잔에 보드카를 따라주었다. 잔을 들고 투명한 액체를 바라보았다. 컵 속의 술이 살아 있는 듯 찰랑였다.

“그럼, 제가 어떻게 해야 합니까?”

“책 쓰기라는 게 무엇인지 그 실체를 봐야 하지 않을까?”

“실체라니요?”

“출판사는 도대체 어떤 원고를 선호하는 걸까?”

· · · · ·

술을 얼마나 마셨는지 모른다. 잠을 깼을 때 나는 택시를 타고 있었다. 얼핏 기억하는 내용은 털북숭이 남자와 나누었던 대화였다. 그는 ‘글이야 애들이 쓰는 일기도 글이지. 하지만 출판사가 원하는 글을 쓰지 못하면 당신의 글은 절대 책이 될 수 없어’라고 말했다.

“혹시 그게 출간방향이 맞지 않는다는 말인가요?”

“그 말은 맞기도 하고 틀리기도 해. 정말 맞지 않아서 맞지 않는다고 말하는 곳도 있지.”

“예를 들면?”

“사회과학 서적을 출간하는 출판사에 소설을 투고하면 덥석 받아주겠는가? 절대 아니지. 그들은 진심에서 '보내주신 원고는 우리 출판사의 방향과 맞지 않는다'고 말할 거야. 큰 출판사라고 해도 종합출판을 하는 곳이 아니라면 아무리 좋은 책도 거절하기 마련이야. 같은 출판이라도 출판사마다 종목이 다르거든."

"그렇겠군요."

"그렇지만 이 말이 '출간방향이 맞지 않다'는 말의 모든 의미는 아니야. 당신은 더 배워야 할 게 있어. 그런데⋯⋯"

"그런데라뇨?"

그가 시계를 보던 것까지는 기억이 났다. 그때가 새벽 3시였던 모양이다. 그는 가야 한다며 엉덩이를 털고 일어섰다. 그는 나를 택시에 태워주면서 내 주머니에 뭔가를 찔러 넣었다. 두 번 접은 종이였다. 종이에는 주소가 적혀 있었다. 강원도 고성에 위치한 어느 지명이었다.

"출간방향이 맞지 않다는 말의 의미를 알고 싶은가?"

남자의 말이 귓가에 쟁쟁했다. 택시 창밖을 바라보았다. 가로등이 한적한 도로 위에 붉은빛을 쏟아내고 있었다. 어디로든 달리고 싶었다.

"기사님, 지금 강원도 가실 수 있습니까?"

출판사가 거절한 첫 번째 이유,
이름값이 없기 때문

그는 누구였을까? 그 사람도 투고를 한 적이 있는 사람일까? 혹시 저자일까?

잠이 깬 것은 새벽 5시 무렵이었다. 동녘 하늘이 파랗게 열리고 있었다. 택시 기사는 차에서 내려 기지개를 켜더니 곧 핸들을 붙잡고 돌아갔다. 공기가 차가웠다. 길 건너로 산을 타고 오르는 길이 보였다.

'저 길로 몇 분 걸어가면 이 주소지가 나올 거예요.'

택시 기사가 남긴 말을 떠올리며 습기 가득한 오솔길을 따라 걸었다. 5분쯤 걷자 우뚝 솟은 짙은 그림자가 나타났다.

별장이었다. 키 작은 문을 열고 들어서자 좁은 복도가 길게 이어졌다. 바닥에는 두 걸음 간격으로 전구가 놓여 있었다. 부챗살 모양으로 퍼지는 불빛을 밟으며 걸었다. 복도가 끝나는 곳에 낮은 둔이 길을 가로막았다. 문을 열자 밝은 빛과 함께 천장 높은 방이 나타났다. 종이 슨 냄새가 훅 끼쳤다. 사방은 거울로 둘러싸여 있었다. 한가운데 책장이 놓여 있었다. 서가보다는 진열을 위한 장식장 같았다. 그 앞에 군청색 면바지에 회색빛 가디건을 입은 키 작은 남자가 등진 채 책을 읽고 있었다.

"안녕하십니까?"

헛기침을 했다. 그는 붙박이 인형처럼 선 채로 말했다.

"어디, 편한 곳에 앉으세요."

사방을 둘러보았지만 의자라곤 찾을 수 없었다.

"이 시간에 온 걸 보니 아마 '꿈꾸는 소년'을 만난 모양이지?"

"꿈꾸는 소년이라니요?"

"그 털북숭이를 만난 게 아닌가?"

보드카를 입에 털어 넣던 그 덩치가 떠올랐다. '꿈꾸는 소년'이라니…….

우물쭈물 대꾸할 말을 찾고 있자 그가 휙 돌아섰다. 머리카락이 반쯤 센 곱슬머리의 남자였다. 콧수염과 턱수염이 수북했고, 검은 뿔테 안경을 쓰고 있었다. 윤기가 잘잘 흐르는 그의 큰 눈동자가 나를 머리끝에서 발끝까지 죽 훑었다.

"이곳은 5층으로 지어진 '저자의 집'이오. 사람들은 종종 인큐베이터라고 부르기도 하지. 하지만 생긴 게 이래서 우리는 미로의 집이라고 부르곤 하지. 어떤 사람은 꼭 이소룡이 등장하는 영화의 다섯 관문이 떠오른다고 한 적도 있었어. 뭐라고 부르든 좋다고. 이름이야 중요한 게 아니니까."

그는 입을 다물더니 나를 뻔히 쳐다보았다. 뭔가 내가 추임새를 넣어서 다음 대화를 이어주기를 바라는 표정이었다.

"어, 그럼, 중요한 게 뭡니까?"

그의 표정이 밝아졌다.

"그렇지, 중요한 건 이름이 아니야. 바로 이름값이야. 어때? 당신은 이름값이 있는 사람인가?"

"무슨 뜻이죠?"

"최소한 말이지, 책을 내겠다는 사람이라면 이름이 있을 것 아닌가?"

"그렇죠, 저도 사람이니 이름이 있죠."

"사람에게는 이름이 있지만 저자에게는 이름값이 있어야 한다고. 당신의 이름은 무게가 얼마나 나가지?"

"네?"

"이런 답답한 친구를 보았나. TV에 나온 적 있나? 아니면 라디오라도? 아니면 유명 강사인가? 신문에 연재라도 하고 있는가? 아니면 블로그 1일 방문자가 1만 명은 되는가? 그것도 아니면 페이스북 친구가 10만 명은 되나?"

"아니, 저는 그런 사람이 아닙니다."

"그런 사람이 아니라니? 자네는 저자가 되고 싶어서 이 꼭두새벽에 여길 찾아온 게 아닌가?"

"맞습니다."

"그런데 그런 사람이 아니라니? 그럼 도대체 어떤 사람인가?"

그는 화가 난 표정이었다.

"세상에는 두 부류의 사람이 있지. 이름값이 있는 사람과 이름값이 없는 사람. 이름값이 없다면 저자가 될 수 없어."

"그게 무슨 말씀입니까? 만일 제가 이름값이 있었다면 출판사가 저를 거절할 이유도 없었겠지요."

"맞아, 바로 그렇다네. 이름값이 없어서 자네는 거절당한 거라고."

"그래요, 저는 이름값이 없는 사람이 맞습니다. 그러니까 제가 여기에 온 것 아닙니까? 아니면 미쳤다고 새벽에 고속도로 달려서 강원도 산골까지 올 놈이 어디 있겠습니까?"

그가 헛기침을 했다.

"물론, 아주 답이 없는 건 아니야. 자네 같은 사람을 위해 필요한 게 바로 이 집이니까. 하지만 그래도 혹시 잘 생각해 보라고."

그가 목소리를 낮췄다. 나는 그의 말을 귀담아 듣기 위해 몸을 숙였다.

"혹시 자비출판을 할 수 있는가?"

· · · · ·

불과 6통의 거절 메일이었으나 딱 한 곳은 나에게 이런 제안을 했었다.

"우리 출판사는 세 가지 방식으로 책을 출간합니다. 귀하의 원고를 살펴보니 이 가운데 딱 어울리는 출판 방식이 있었습니다. 귀하가 제작비를 지원하고 출판사가 마케팅 비용을 지원하여 출간하는 방식입니다."

그건 일명 '자비출판'이었다. 그 출판사는 500만 원의 비용을 요구했다(주: 자비출판 비용의 적정선이 정해진 건 없지만 대략 500~1000만 원 정도라고 보면 무난하다. 더 비싸다면 그에 합당한 이유가 있을 것이다.). 그 출판사의 말에 따르면 세상에는 세 가지의 출판 방식이 존재한다.

첫째, 모든 비용을 출판사가 지불하고, 저자는 원고를 만드는 데 드는 비용만 지불하는 방식.

이게 내가 생각했던 출판 방식이었던 게 분명하다. 다만 한 가지 주의할 점은, '원고를 만드는 데 드는 비용'이라는 항목이다. 그냥 원고를 쓰는 것이면 큰 문제가 없다. 그런데 만일 내 원고에 일러스트를 추가해야 하거나 품질 높은 사진이 들어가야 한다면? 혹은 누군가의 시나 소설, 사진 등을 인용해야 하는 경우라면(시나 소설 등을 넣을 경우 사용료가 발생한다.) 이 비용은 과연 저자가 지불해야 하는 것인가? 이 문제에 대해 가장 확실한 해결책은 이렇다.

'출판사가 그 원고에 욕심을 갖고 있다면 아마도 그런 비용은 출판사가 지불할 것이다.'

계약을 맺자고 달려든 출판사라면 어느 정도 욕심은 갖고 있는 셈이다. 다만 출판사는 주판알을 튕기며 이 책의 제작비와 매출을 계산한다. 그에 맞게 제작비용을 산출하고, 어느 정도 비용을 투입해야 할지 사전에 계획을 세운다. 그런 뒤 저자를 만나 줄다리기를 시작한다. 저자는 기왕이면 좋은 일러스트를 쓰고 싶지만 출판사는 20컷 넣을 걸 15컷으로 줄이고, 칼라로 넣을 걸 흑백으로 하자고 주장할지 모른다. 그림체가 비슷하면 조금 더 싼 일러스트레이터를 쓰자고 요구하는 경우도 흔하다. 그러나 이런 줄다리기는 행복한 것이다. 최소한 계약은 맺지 않았는가.

둘째, 100% 완벽한 자비출판.

저자가 출간에 드는 모든 비용을 내는 방식이다. 물론 출판사는 약간 포장을 해서 '제작비는 저자가, 마케팅 비용은 출판사가' 하고 말할지도 모른다. 그러나 마케팅 비용은 애매하다. 마케팅 비용이란 제작비처럼 바로 결재가 들어가야 하는 실비가 아닐 때가 있다. 예컨대 출판사에 영업직원이 있거나 마케터가 있다면 인건비가 마케팅 비용의 절대 비중을 차지할 가능성이 크다는 말이다. 만일 작고하신 부모님의 귀중한 자료를 책으로 만들고 싶어서 출판사를 찾아간 게 아니라면 자비출판은 별로 권장하지 않는다. 당신이 지불한 돈이 출판사 직원의 월급이 되는 경우가 바로 이때니까.

셋째, 1번과 2번의 절충안.

책을 만드는 데 들어가는 비용을 일정한 비율로 저자와 출판사가 분담하는 방식이다. 애매한 책일 때 쓰는 방법이다. 잘해야 1000권 정도 팔 수 있을 것 같은 책이라면? 출판사 입장에서 제작비를 건지기 애매한 책이 있다면? 수요가 있기는 한데 손익분기점을 넘기 힘들어 보일 때 출판사는 저자에게 제작비 일부의 부담을 요구할 수 있다. 이때 출판사는 저자에게 100~300권가량의 책을 구입하는 조건으로 계약을 성사시키려는 경우가 있다.

여기까지가 출판사가 얘기한 세 가지 출판 방식이다. 그러나 나는 2번, 3번은 애초부터 접어두고 있었다. 경제력이 넉넉한 상황도 아니었고, 기념으로 책을 내는 것도 아니었기 때문에 판매를 통해 어느 정도 수입도 올려야 했다. 독자가 찾지 않는 책이라면, 그건 책을 내지 않는 것과 무엇이 다르겠는가. 그래서 다 접고, 무조건 정상적인 저자 대우를 해주는 곳과 계약을 맺고 싶었다. 자비롭지 않은 자비출판은, 내 사전에 없었다.

이름값이 없는 저자가
출판사 관문을 뚫으려면

"제 사전에 자비출판은 없습니다."

그가 내 눈을 들여다보았다.

"허, 그래? 설령 이름은 있다지만 이름값도 없는 자가 제작비를 분담할 의향도 없다? 그럼, 자네는 무엇을 갖고 있는가?"

"원고가 있습니다."

"그건 출판사의 문을 두드리는 사람이라면 누구나 갖고 있는 거야. 저자가 사람이라는 말과 하나도 다를 게 없다고. 혹시 자네가 개나 고양이라면 눈길을 끌 수는 있겠지. 요즘은 인공지능도 책을 쓴다고 하지만 그것보다는 개나 고양이가 더 저자로서 가치가 높지 않겠어? 하지만 아무리 봐도 당신은 개나 고양이가 아니야. 바닷가에 가면 흔히 발에 채는 수많은 자갈 가운데 하나라고."

한참 고개를 젓던 그가 체념한 듯 나를 바라보았다.

"좋아. 그럼, 자네 원고에는 뭐가 있지? 뭔가 스웩이 있나?"

"자기 몸에 맞지 않는 옷을 입고 사는 사람들에게 행복을 찾아주는 글입니다. 제가 지난 10년간 고민한 내용이고, 다양한 선배들의 이야기를 통해 답을 찾아가고 있습니다. '나다운 삶의 추구'는 오늘날 아주 중요한 주제가 아닙니까?"

"답답한 친구 같으니라고. 그러니까 출판사가 관심을 보이지 않는 거야."

"무슨 말입니까?"

그는 한참을 고민하는 표정이었다. 책장 뒤로 숨었다가 머리를 싸매다가 손바닥을 비볐다. 그러다가 한숨을 푹 쉬며 그가 들려준 이야기는 다음과 같다.

이 방에 왜 거울이 있는지 알고 있나? 거울은 말이야, 아주 중요하지. 거울 앞에 서봐. 그리고 움직여봐. 거울이 어떤가? 자네를 따라 하지? 거울은 아주 위대한 물건이야. 자네가 움직이는 대로 단 한 번의 실수도 없이 자네를 흉내 낸다고. 거울은 출판 정신의 위대한 표상이야.

아니, 굳이 아는 척할 필요는 없어. 그냥 모르면 모르는 대로 들어보라고. 만일 당신이 출판사 사장이라면 말이야, 출판 관련 정보를 많이 접하겠지? 아니, 이건 물어볼 게 아니지. 정말 셀 수 없는 정보를 접한다고. 스쳐지나가는 정보가 대부분이지만 뇌리에 콱 박히는 정보도 있지. 바로 '매출'과 관련된 정보야. 서적에 나가면 그냥 서점만 둘러보는 게 아니야. 일단 서점 담당자를 만나지. 그 사람과 쌓은 친분이 있기는 하지만 그래도 농담 따먹기를 하러 간 게 아니니까 한두 마디라도 출판계 소식을 주고받는다고. "요즘 무슨 책이 잘 나가요?" "땡땡땡 책이 요즘 최고 인기죠." 인쇄소 가도 '요즘 무슨 책 찍어요?' 하고 물어보고 '어느 출판사의 뭐시기 책을 계속 찍어요.' 하고 답을 듣는다고. 제지사(종이를 공급하는 곳) 담당자를 만나도 그래. '요즘 어디서 종이 많이 가져가요?' 하고 물으면 '거시기 출판사가 지난 달 결제액이 얼마래.' 하고 답이 오지. 출판사 사람들과 만나도 마찬가지고, 저자를 만나도 똑같아. 다들 무슨 이야기를 하는 줄 아는가?

요즘 이 책이 잘 나간다. 그 책은 이렇게 팔더라. 다 베스트셀러 이야기뿐이라고. 귀가 따갑게 듣는 얘기가 요즘 제일 잘 나가는 책이야. 그렇다면 말이야, 관계자들 만나서 정보를 듣고 돌아온 출판사 대표는 무슨 생각을 할까? '우리도 이런 책 한 번 만들어야 하는데.'

출판사에는 대표 말고 마케터나 영업자들도 있어. 신간 소개하려고 서점 엠디(MD)를 만났는데 한 소리 들은 거야. '이런 책이 나가겠어요? 요즘 잘 나가는 책은 따로 있어요.' 그러면 출판사 돌아와서 무슨 소리를 하겠어? '우리도 이런 책 만들어주세요.' 출판사 대표와 영업자 혹은 마케터의 머릿속에는 온통 그 책 생각으로 꽉 찬다고. 〈아프니까 청춘이다〉가 뜨고 난 뒤에는 거의 모든 출판사가 한 번쯤 자기 책의 제목으로 그 책을 흉내 내려고 한단 말이야. 아무 상관도 없는 변비 책을 만들면서 〈불쾌하니까 변비다〉라고 책 제목을 떠올려보는 거야. 이게 끝이 아니야. 〈쓰러지니까 청춘이다〉, 〈아플 수도 없는 중년이다〉, 〈아픈 척 하는 게 청춘은 아니다〉, 〈왜 아프다고들 난리지?〉…… 별의 별 생각이 머리를 가득 채우지. 물론 제정신을 차리고 '우리도 이런 스웩 넘치는 제목 좀 만들어보자'고 편집부에 주문하지. 그러면 이제 편집부에서도 〈아프니까 청춘이다〉를 패러디한 형태로 책을 구상하게 된다고.

왕년에는 그걸 2등 출판이라고 불렀어. 잘 나가는 책이 있으면 비슷하게 제목 지어서 1등 책 옆에 붙이는 방법이지. 그게 한때 시장을 장악한 적이 있었는데 조금씩 사라지는 것 같았지만 절대 사라지지 않았지. 왜냐하면 출판사는 불안한 거야. 잘 나가는 걸 따라 가야 자기 책도 팔릴 것 같거든.

불안, 두려움, 공포!

출판사 사람들이 최종적인 출간 결정을 내릴 때 부딪치는 심리적 양상은 이 세 가지를 벗어나지 못해. 그들은 시장이 정말 무서운 거야. 지난 달 실적이 나쁘니까 이번에는 잘 팔아야 해. 어떤 책이 잘 팔릴까? 못 고르겠어. 나는 나 자신을 못 믿겠다고. 그때 귀가 따갑도록 들어왔던 책 제목이 떠올라. 옳다! 독자들은 이런 제목을 좋아하는구나! 그래, 답은 바로 여기 있다. 이번 책 제목은 〈아프니까 약 먹어〉야!

어느 베테랑 편집자가 이런 말을 한 적이 있어.

"시장은 도깨비다."

그 사람은 여행 책 분야에서 오랫동안 활동한 편집자였지. 매년 10권 정도의 여행 책을 편집해서 시장에 내보내는데 이 가운데 확실히 미는 게 있고, 적당히 매출 올리는 용도로 내는 게 있거든. 작정하고 미는 책은 1만 권 이상 판매가 예상되니까 투자하는 거겠지? 그런데 말이야. 그 편집자가 최근 1~2년 동안 자신의 예상이 번번이 어긋나는 경험을 했어. 원래가 감이 없던 사람이었냐고? 아니야. 불과 몇 년 전만 해도 어느 정도 예상이 맞아떨어져서 책을 잘 팔았지. 그래서 여행 분야 팀장까지 올라간 거야. 그런데 이제는 예상이 맞지 않아. 타율이 떨어졌지. 오히려 기대하지 않던 책이 잘 팔리니까 헷갈리기 시작한 거야. 마케팅 비용으로 1천 만 원을 투자한 책은 쪽박 차고, 1원 한 장 지원도 없던 책은 쭉쭉 팔리는 거야. 그 편집자가 보기에는 세상에 이런 도깨비 같은 시장도 없는 거야.

나는 이 말을 이렇게 해석해. 진짜 시장이 도깨비 같거나 혹은 그가 시장의 변화에 발을 맞추지 못했거나.

아마도 후자일 가능성이 조금 더 크기는 하지. 시장의 트렌드 변화에 발맞추기는 정말 힘든 일이니까. 하지만 내가 하고 싶은 진짜 얘기는 그게 아니야.

출판사도 팔리는 책이 뭔지 잘 모른다는 사실이야!

출판사가 모르면 어떡하느냐고? 이 문제는 비단 출판사만의 문제는 아니지. 주위를 둘러봐. 일반 기업체에 다니는 사람 중에도 뭐가 팔리는 상품인지 모르는 경우가 허다하다고. 물론 출판사는 지금까지 경험을 통해 딱 한 가지 확실한 노하우 하나는 갖고 있어. 유명한 사람의 책을 내면 실패할 가능성이 적다는 사실 말이야. 이름값이 중요하다는 말이지. 그래서 너도 나도 유명인과 출판 계약을 맺으려고 하지. TV 스타건, SNS 스타건 그들은 물불 가리지 않고 저자를 확보하려고 한다고. 물론 유명인의 책이라고 다 잘 팔리는 건 아니야. 그래도 실패 확률이 가장 낮은 건, 스타의 책을 출판하는 거라고.

서글픈가? 그러나 이게 현실이야. 물론 출판사 마케터들은 원론적으로 이렇게 말하지. '저자를 스타로 만들어라!' 저자 마케팅을 하는 게 책을 파는 가장 좋은 방법이라고 말하고는 해. 말뿐인 경우가 많지. 무명 저자를 유명 스타로 만드는 게 어디 쉬운 일인가? 그보다 더 쉬운 게 유명 스타를 저자로 만드는 일이 아닌가? 그래서 이름값을 요구하는 거라고. 그래, 진정해. 자네와 무관한 이야기라는 건 나도 잘 알고 있다고.

가능성을 찾아보자고. 평범한 사람의 책이 잘 팔리는 경우도 있으니까. 우리가 집중해야 할 지점은 바로 그 부분이야. 당신은 무명인이지만 책을 통해 유명인이 될 수 있다고. 비록 확률은 적지만 말이야.

다시 주제로 돌아가 보자고. 출판사도 팔리는 책이 뭔지 잘 로른다! 그게 우리가 아까 이야기했던 내용의 결론이었어. 그래서 어떻게 하라는 말이냐고? 바로 그거야. 당신은 시장이 무서워. 이 책이 안 팔리면 어쩌지, 불안해. 귀신을 본 것처럼 두려워! 그래서 이 출판사 대표는 베스트셀러를 모방하려고 마음먹지.

그런데 말이야, 아직 이름도 없는 저자들이 '제가 쓴 책은 달라요.' 하고 투고한단 말이야. 출판사 대표가 보기에 어떻겠는가? '시장이 어떤지 알고 글을 쓴 거야? 이런 책이 나갈 것 같아?' 하고 콧방귀를 뀌지.

그런데 모방 대상이 되는 건 가장 뜨거운 책, 즉 베스트셀러만이 아니라고. 만일 모든 출판사 대표가 베스트셀러 따라 하기에 나서면 서점에는 1등을 하는 베스트셀러와, 베스트셀러를 모방한 수많은 책이 출간되어 있어야겠지? 그런데 시장에 가보면 꼭 그렇지는 않잖아?

우리는 사람의 묘한 습관 한 가지를 알고 있지. 불안하고 두려울 때 과거의 방식으로 대응하는 것 말이야.

사람은 미래의 불확실성을 해결하기 위해 과거의 경험에 의존하는 경향이 있어. 과거에 학습된 방법으로 지금 당면한 과제를 풀려고 하는 거야. 결과는? 그거야 모르지. 만일 시장이 예전과 동일하다면 기억 속에 새겨진 과거의 방법으로도 지금의 문제는 잘 풀릴 거야. 그런 예상을 하면서 출판사는 자신의 기억을 더듬는다고. 그 기억에서 가장 크게 소리 치고 있는 게 분명 있을 거야. 두 달 전이든 3년 전이든 짭짤하게 판매고를 올렸던 책이 있다면 그때 기억을 되살리겠지? 자신이 아는 한에서 그 책의 내용이나 제목 스타일, 편집 스타일, 마케팅 방식 등을 떠올릴 거야.

이제 무슨 일이 벌어질지 예상되지 않아? 그래 그는 자기 마음을 사로잡고 있는 그 책과 유사하게 만들어서 팔면 책이 나갈 거라고 여긴다고. 마음에 있는 책을 모델로 새 책을 만드는 거야. 이제 이해가 돼? 왜 거울이 출판의 표상인지?

오해는 말라고. 이건 출판사 사람들만 그런 게 아니야. 사람은 말이야, 좋았던 경험을 되풀이하려는 경향이 있어. 너도 그렇지 않아? 내가 아는 어떤 사람은 〈해리 포터〉에 꽂혀서 나중에는 〈반지의 제왕〉까지 보더라고. 〈반지의 제왕〉이 보고 싶어서 본 게 아니라 〈해리 포터〉에서 느꼈던 즐거움을 되풀이하고 싶었기 때문이야. 그래서 판타지 소설을 찾다 보니까 〈반지의 제왕〉과 만나게 된 거라고. 가수 오디션 프로그램이 지금까지 어떻게 진화해왔는지 봐봐. 한 번 보고 질렸다면 이런 프로그램이 아직도 인기를 끌고 있는 게 도저히 이해되지 않을 거야. 하지만 사람들은 오디션 프로그램을 처음 봤을 때의 감동을 다시금 되풀이해서 느끼고 싶은 나머지 다시 한 번 TV 앞에 앉는다고!

어쩌면 모든 사람이 그럴지 몰라. 과거의 좋았던 기억을 되풀이하기 위해 오늘을 사는 걸지도. 처음 먹어본 삼겹살의 황홀했던 맛을 다시 경험하기 위해 오늘도 맛집을 전전하는 사람들이 있어. 여행지의 아름다운 추억을 되살리기 위해 다시 가방을 싸는 사람도 있지. 이들은 자기의 옛 경험을 오늘에 되살리려는 사람들이야.

자, 이제 결론이야.

수많은 출판사가 '예전에 성공했던 방식으로 책을 만들거나 혹은 지금 잘 나가는 책을 흉내 내서 만들면 잘 나갈 거야.' 하고 생각한 끝에, 그와 유사한 원고가 오기만을 기다린다고.

저자는 어떻게 해야 할까? 출판사의 머리를 가득 채우고 있는 그 '환상 속의 책'과 최대한 닮아 보이는 원고를 만들어서 보내야지 않겠어? 그들은 〈아프니까 청춘이다〉를 생각하고 있는데 당신은 '나는 달라. 나는 차별화를 해야 해.' 하고 생각한 끝에 〈팔팔하니까 청춘이다〉라고 콘셉트를 잡았다고 해봐. 물론 '건강한 청춘'이라는 콘셉트는 세상에 없을지도 몰라. 그런데 이런 콘셉트는 출판사 사람들의 출간 계획에는 없어. 출간 후보군에 없는 콘셉트라고. 끌리지가 않는 거야. 빨간색이 대세라는데, 파란색을 내밀면서 '이런 콘셉트는 이전에는 한 번도 없었던 겁니다.'라고 주장하면, 물론 '없는 건 맞네.' 하고 인정은 해주겠지만 마음은 사로잡지 못하지.

서점을 둘러보라고. 출판사들이 어떻게 제목을 짓는지 알고 나면 깜짝 놀랄 거야. 2003년에 〈거의 모든 것의 역사〉라는 책이 출간되었지. 제목이 근사하지 않아? 판매도 대성공이었어. 그러니까 이제 붕어빵들이 등장하지. 〈거의 모든 것의 경제학〉, 〈거의 모든 것의 정리학〉, 〈거의 모든 것의 투자〉, 〈거의 모든 것의 미래〉…… 실제로 출간된 책 외에도 얼마나 많은 출판사에서 '거의 모든 것'이라는 단어를 책 제목에 넣어보았을까. '하룻밤에 읽는'이라는 단어나 '하루 10분'이라는 단어도 검색해 보면 수도 없이 뜬다고. '그들이 알려주지 않는' 어쩌고 하는 책들도 부지기수지. '제목'은 책에서 가장 비중이 큰 요소야. 우리는 제목으로 책을 기억하고, 제목으로 책을 말하지. 책의 얼굴에 해당하는 게 제목이라고. 그런데 곳곳에서 비슷한 얼굴을 만나는 거야. 마치 같은 성형외과에서 수술을 받은 여자들처럼 생김새가 비슷비슷해. 만일 어느 출판사 사장이 '거의 모든 것'이라는 단어에 꽂혀 있다고 생각해 봐. 그 사람은 앞으로 만나게 되는 모든 책을 다 '거의 모든 것의 땡땡'이라고 생각하게 된다고. 이런 사람에게 '거의 모든 것의 슬픔'이라는 제목으로 원고를 보내면 한 번이라도 더 쳐다보지 않겠어? 왠지 예뻐 보이고, 왠지 될 것 같은 기분이 드는 건 인지상정이야.

이제 당신이 해야 할 일이 무엇인지 알겠지? 출판사 사람들이 사로잡혀 있는 '환상의 책'을 모델로 삼아 원고를 만들어야 한다고!

덧붙이는 말 ① 출판사가 선호하는 책을 확인하는 방법

그렇다면 출판사가 선호하는 책을 어떻게 알 수 있을까? 베스트셀러 목록이야 어느 서점이나 제공하고 있으니까 찾기 쉽지. 다만 베스트셀러를 찾을 때 전체 베스트셀러가 아니라 분야 베스트셀러로 들어가서 보는 게 도움이 될 거야(출판사들은 대개 자기 전문 분야가 있거든). 그러나 해당 출판사가 과거의 어떤 책에 꽂혀 있는지 찾는 일은 쉽지 않아. 일단 두 가지 방법을 통해 어느 정도 윤곽을 잡을 수 있을 거라고 생각해. 하나는 온라인 서점에서 특정 출판사를 검색하면 책이 '가장 잘 팔리는 순'으로 뜨는데 이 가운데 상위권에 속하는 책들 중에 근간이 아닌 책, 즉 꾸준히 팔리는 스테디셀러가 있는지 확인하는 방법이 있어. 스테디셀러는 효자 상품이거든. 만일 만들 수만 있다면 베스트셀러 못지않게 중요한 게 스테디셀러지. 스테디셀러 역시 출판사 사람들의 머릿속을 가득 채우고 있는 '환상의 책' 가운데 하나라고. 또 하나는 해당 출판사의 출간 목록을 신상품 순으로 정렬한 뒤 출간된 책들 사이에 유사성을 살펴보는 방법이 있지. 많은 출판사가 과거에 팔렸던 책과 유사한 책을 계속 되풀이해서 출간하려고 하는 걸 볼 수 있을 거야. 그런 책들이 출판사가 꽂혀 있는 책이야. 이와 같이 여러 출판사의 출간 목록을 찾아보고 출판사들이 공통적으로 지향하는 바를 탐색하는 방법이 있어. 그러나 이 방법보다는 해당 분야의 책들을 2~3개월 혹은 1년에 걸쳐서 자주 들여다보면서 감을 잡아가면 좋을 거야.

| Summary |

① 전체가 아닌 '분야' 베스트셀러를 검색하라.

② 온라인 서점에서 출판사를 검색한 후 꾸준히 팔리는 책을 찾아라.

③ 온라인 서점에서 출판사를 검색한 후 신상품 순으로 정렬순서를 변경하여 최근 상품이 어떤 주제에 치중되어 있는지 찾아라.

④ 해당 분야에서 잘 팔리는 책들을 장기간에 걸쳐 확인하는 습관을 들여라.

덧붙이는 말 ② 세상에 없던 책을 내는 출판사는 드물다

출판사가 출간하는 책은 크게 세 부류로 나눌 수 있을 것 같아. 하나는 요즘 잘 나가는 책 흉내 내서 출간하기, 둘은 과거에 우리가 잘 팔았고 지금도 나름 잘 나가는 책 출간하기, 셋은 세상에 없던 책 출간하기. 이 가운데 세 번째를 '기획출판'이라고 부르는데 이건 시장에 없던 책을 출간하는 거야. 한 번 도전해 보자는 거지. 그런데 시장에 유사한 책이 없는 경우, 출판사는 둘 중에 하나라고 판단을 내려. 첫째, 책을 찾는 사람이 없다(독자 니즈가 없다.). 둘째, 독자 니즈는 있으나 책이 없다. 만일 둘째 경우라고 판단되면, 즉 시장이 열리고 있다는 판단이 들면 한번 질러보는 거야. 그런데 말이지, 기획출판을 하는 출판사는 많지 않고, 하더라도 비중이 적다는 게 문제야. 열에 아홉 권은 시장성이 확인된 책을 따라 하기 마련이고, 나머지 한 권 정도가 기획출판일까?

이밖에도 출판에 대한 사명감으로 양서를 발굴해야 한다고 믿는 출판사가 있기는 해. 그러나 돈줄이 막히면 출간할 수 없다는 게 비극이지.

차별성이 아니라
유사성을 강조하라

"이걸 좀 봐! 거울이 얼마나 잘 따라 하는지!"

그는 거울 앞으로 나를 끌고 가서 꼭두각시 인형을 가지고 놀듯 내 손을 움직였다.

"나는 이걸 모방 전략이라고 부르지. 모방하지 못하면 저자가 될 수 없어."

"따라쟁이가 되라는 말이군요."

그의 손길을 뿌리쳤다. '따라 하라니, 나다운 게 없어진다는 말이 잖아?' 불편한 기분이었다.

"저자가 된다는 말을 오해하고 있군. 저자란 무얼 하는 사람일 까?"

그가 진지한 표정으로 질문을 던졌다.

"저자란 글을 쓰는 사람이지요."

"그래 맞아. 글을 쓰는 사람이지. 그런데 당신이 말하는 '글'이란 건 혼자 보기 위해 쓰는 글을 의미하는 건 아니잖아? 나아가 회사 일로 작성하는 보고서도 아니지. 친구와 주고받는 이메일이나 문자 메시지 같은 건 '글'의 범주에 들지 않을 거야."

"네, 물론 그렇죠."

"그러면 '글'이라는 범주를 좁히다 보면 공통적으로 '독자와의 대화'라는 요소를 피할 수 없지 않겠어?"

고개를 끄덕이지 않을 수 없었다. 출판 시장에 발표하기 위해 쓴 글만이 책이 되는 법이다.

"그가 누구인지는 모르지만, 최소한 당신이 쓰려고 하는 책의 주제에 관심이 있는 사람을 먼저 상정해야 하고, 그들과 소통하려고 글을 써야 저자라고 말할 수 있지. 한마디로 글로 이루어졌다고 해서 모두 책이 될 수는 없어. 당신이 글을 쓰는 이유는 독자에게 뭔가 메시지를 전달하기 위해서라고. 뭔가 주고 싶은 게 있으니까 글을 쓸 거 아닌가?"

"제가 먼저 경험한 것을 함께 나누고 싶은 거죠. 맞습니다."

"마음을 열고 들어주면 좋겠네. 저자가 되겠다고 찾아온 사람치고 자존심이 없는 사람을 본 적은 없지만 그 자존심 때문에 저자가 되지 못한 사람이 부지기수지. '나는 내 멋대로 글을 쓸 거야' 하는 생각은 자유지만 선택에는 책임이 따른다고. 출판의 법칙을 어기면서까지 저자가 되는 경우는 매우 드물다는 게 나의 판단이라네. 출판사는 일종의 매니지먼트를 하는 곳이야. 마치 걸그룹을 데뷔시키듯이 한 명의 저자를 세상에 내보내는 거라고. 과거에는 조금 달랐을지 모르지만 오늘날의 시대에 출판이란 대중문화를 생산하는 비즈니스가 되었지. 지금 시대가 그래. 과거에는 누군가 권위를 가진 사람이 책에 대한 신뢰도를 결정해주었지만 이제는 그 권위가 대중에게 옮겨갔지. 이게 우리가 꿈꾸었던 민주주의 사회의 모습이 아닌가? 이 책이 잘 썼는지 못 썼는지 판단하는 기준이 몇몇 소수의 전문가에게서 대중에게로 넘어갔다는 말이야. 그런데 독자를 고려하지 않고 책을 쓴다는 건 말이 안 되겠지?”

“네, 그 말에 동의합니다.”

“아니, 동의만으로는 부족해. 이 말을 가슴 깊이 느껴야 한다고. 우리의 독자들이 어떤 사람들인지 가슴 절절이 느껴보라고. 독자는 생각보다 마음에 높은 벽이 가지고 있어. 이름도 모르는 무명 저자의 이야기를 받아들일 준비가 전혀 안 되어 있지. 깐깐하단 말이야. 내가 생각하는 독자란 개그맨 공채 시험의 심사위원과 비슷한 사람들이야. 그들은 다리를 꼬고 팔짱을 낀 채 이렇게 생각하지. ‘오냐, 네가 얼마나 웃기는지 한번 봐주지.’ 당신도 알 거야. 개그콘서트가 배꼽 빠지게 웃기는 날이 있는가 하면 심각한 드라마 보는 것처럼 얼굴이 굳어질 때가 있다는 걸. 생각이 딴 데 가 있으면 아무리 웃긴 개그맨이 나와도 입술에 지퍼를 채우지. 더구나 심사해야 하는 입장이라면 마음에 갑옷을 두르고 이렇게 생각한다고. ‘어디 한번 웃겨봐.’

그런데 말이야, 이 얘기를 또 하게 되어서 유감이지만 한번 들어 보라고. 만일 유재석이 등장하면 우리는 일단 웃을 준비를 하게 돼. 받아들일 준비를 한다고. 유재석이 책을 쓰면 아마도 독자들은 마음을 열고 그 책을 즐길 거야. 그런데 독자는 당신의 이름을 몰라. 마치 개그맨 공채 시험의 심사위원처럼 '오냐, 얼마나 웃기는지 한번 보자.' 하고 생각하거나 아니면 대개 그렇듯이 그냥 무시하고 넘어가지. 아무도 당신의 말에 귀를 기울이지 않는다고. 그럼, 어떻게 해야 할까? 당신은 인지도가 없고, 독자는 당신에게 기대하는 바가 없어. 이럴 때 자네는 어떻게 해야 관심을 끌 수 있지? 답을 해보라고? 어떻게 해야겠어?

출판사 대표들이 바보라서 〈아프니까 청춘이다〉를 모방하려는 게 아니야. 그들은 최대한 독자들에게 친숙한 형태, 신뢰를 줄 수 있는 방식으로 책을 보여주고 싶은 거야. 거부감을 줄이고, 나아가 흥미를 유발할 수 있는 방법을 찾는 거라고. 그런데 당신은 저자가 되고 싶다면서 고작 자존심이나 세우면서 '이건 나다운 글이 아니야, 이건 나다운 글쓰기가 아니라고!' 하고 생각하고 있으니 과연 그 접근법이 성공할까?"

내가 대답이 없자 그가 말을 이었다.

"성공한 저자 가운데 한 사람인 시골의사 박경철 씨도 사람들에게 흥미를 끄는 주제, 즉 '주식'으로 책을 써서 저자로 첫 걸음을 떼었지. 시집을 출간하며 출판계에 발을 담근 이지성 작가는 '내 방식으로는 독자의 마음을 움직일 수 없다'는 사실을 깨닫고 독자 지향적인 글을 쓰기 시작했지. 저자로서 아직 네임밸류가 높지 않으니까 힐러리나 이건희를 이야기하면서 자기 이야기를 담았다고. 독자나 고객이 갖고 있는 높다란 마음의 벽을 넘기 위해 어떤 사람들은 이와 같이 권위의 힘이나 친숙한 방식을 택한다고. 그게 거부감이 든다고 말한다면 내가 보기에 아직은 저자가 될 준비가 안 된 거야. 세상의 평가 따위 나는 모르고, 내가 쓴 대로 독자들이 따라 올거야, 라고 믿는다면 당신은 고흐처럼 살면서 아무런 인정도 받지 못하게 될지 모르지. 그나마 고흐처럼 불멸의 작품을 남긴 거라면 다행인데 그것도 아니라면 산 속에 들어가 도를 닦겠다는 기인처럼 자기만의 세계에 갇혀서 살다가 생을 마감하겠지."

그의 말은 마치 쓴 술처럼 입에 댈 때는 뱉고 싶었지만 한 번 삼키고 나자 계속 마시게 되는 놀라운 힘이 있었다. 내 생각이 잘못되었다는 걸 고백하지 않을 수 없었다. 내 원고를 출판사에서 왜 거절했는지 스르르 해답이 풀렸다. 아, 내가 이를 먼저 알고 책을 썼더라면!

하지만 잠시 뒤 궁금증이 일었다. 모방하라는 말은 차별화해서는 안 된다는 뜻일까?

"그 말은, 차별화를 하면 안 된다는 말 같습니다."

"그렇지. 차별화 따위는 개나 주라고."

"그런데 말입니다. 만일 내 원고가 다른 책과 다를 게 없다면 독자들은 왜 제 책을 사는 겁니까?"

"내 말을 제대로 이해하질 못했군. 독자들은 '좋은 기억'을 되풀이하려는 경향이 있다는 얘기를 잊었나? 〈스티브 잡스의 전기〉를 본 사람은 이제 그와 비슷한 책을 찾게 된다고. 그때 〈스티브 잡스 창의력의 비밀〉과 같은 책이 있다면 최소한 한 번 들여다보기라도 하겠지. 일단 제목에 국한시켜서 말한다면 말이야, 책 내용이 같은지 비슷한지 전혀 상관이 없다고. 일단 제목을 통해 냄새를 풍기는 거야. '독자님, 지난번에 〈스티브 잡스의 전기〉가 즐거우셨죠? 이번에도 그에 필적할 만한 경험을 드릴 겁니다. 이 책 어떠세요?' 하고 끌어들이는 거지. 출판사 대표들도 독자의 이런 마음을 잘 아니까 최소한 제목이라도 비슷하게 만드는 거야.

흔히 사람들은 차별화라는 단어를 '차별화하기 위한 차별화'의 의미로 쓰지. 책의 유일한 장점이 '다르다'는 사실 하나밖에 없는 사람들이 자주 사용하는 방법이야. 차별화의 진짜 의미는 기존의 어떤 책으로도 답을 주지 못했을 때 '내가 답을 가지고 있소. 하고 말할 수 있는 거지 '나는 남들과 달라'라고 말하는 게 아니라고. 내가 가진 답이 당신의 문제 해결에 효과적인 수단이 될 거라고 말하는 것과, '나는 다른 작가랑 다릅니다.' 하고 말하는 것에는 근본적인 차이가 있어. 실상 독자는 이 책이 뭐가 다른지 관심도 없고 잘 알지도 못해. 대신 이 책이 나의 문제 해결에 효과가 있는지 없는지만 따진다고. 탈모 치료제를 사러 간 사람이 '어, 이 약은 지난번 약하고 생김새가 다르네?' 하고 구매를 결정할까? 절대 그럴 리가 없다는 건 3살 꼬마도 아는 거야. 차별화는 구매를 결정하는 핵심 요인이 아니라고. 그런데도 사람들은 '나는 달라!' 하고 외치지. 책 쓰

기를 경쟁하는 것으로 여긴다고. 이렇게 오해하고 있을 바에야 차
라리 '차별화'라는 단어를 버리는 게 나아."

그밖에도 그는 차별화에 대해 여러 이야기를 했다. 몇 가지만 추
리면 다음과 같다.

① 만든 사람만 아는 '차별화'가 있다

예컨대 오늘 아침 머리가 잘 나와서 기분 좋게 출근했는데 알아보는 사람이 한 명도 없을 때처럼 저자는 '다르다'고 주장하는데 독자 입장에서는 뭐가 다른지 알아차리지 못하는 경우가 흔하다. 만일 다른 책에서 찾아볼 수 없는 내용이 당신 원고에 있다면

1) 숨겨 놓지 말고,

2) 그걸 전체 콘셉트로 잡고,

3) 자꾸 되풀이하여 강조해야 한다.

만일 하나의 장에 불과하거나 심지어 하나의 절('장'의 하위 개념으로 '소제목이 달린 1~2페이지의 글'을 말한다. 원고 쓸 때 '1꼭지'의 단위가 되는 글.)에 불과하다면 독자들은 뭐가 다른지 알아차리지 못한다. 그래 놓고 '다르다'고 말하면 그건 과연 차별화인가, 아닌가?

② 진짜 다른 책은 '다르다'고 주장하지 않는다

출간제안서 가운데 '이 책은 경쟁서와 이런 점이 다르다'고 주장하는 경우가 있다. 그런데 진짜 '다른' 책들은 굳이 '나는 다르다'라고 주장하지 않는다. 이미 제목을 보면 '다르다'는 게 느낌으로 온다. 예컨대 빅 데이터 관련 책들이 처음 시장에 나왔을 때는 '빅 데이터가 무엇인지', '빅 데이터가 경영 환경을 어떻게 바꾸는지' 이런 종류의 책이 등장했다. 그러다 〈신호와 소음〉이라

는 책이 출간되었는데 이 책은 기존의 빅 데이터 책과 무엇이 어떻게 다른지 굳이 설명하지 않는다. 그냥 제목과 콘셉트만 보면 알 수 있다. '빅 데이터가 뭔지 알겠고, 그럼 빅 데이터 가운데 양질의 정보를 어떻게 걸러야 해? 무엇이 나에게 필요한 신호이고, 나에게 필요 없는 소음이지?' 제목만 보면 누구나 알 수 있지 않은가? 이처럼 주제에 대한 사회의 니즈가 변할 때 이를 충족시키는 게 진짜 차별화다. 차별화된 상품은 물론 생산자가 만들기는 하지만 만든다고 다 '차별화된 상품'으로 인정받는 건 아니고,

1) 고객이 받아들일 준비가 되어야 하고(이제 빅 데이터가 뭔지는 충분히 알았으니 다음이 필요하다고 느끼고)
2) 고객의 문제를 해결해주어야 한다(어떻게 해야 빅 데이터를 잘 활용할 수 있는지 답을 주어야 한다.).

③ 차별화보다 중요한 것

차별화는 중요한 게 아니다. 고객은 어떤 기준으로 책을 구매할까? 이 책이 저 책과 다르다는 걸 확인한 후에 책을 구입할까? 절대 그렇지 않다. 구체적인 어떤 생각의 형태는 아니지만 고객은 제목이나 표지 디자인 등에서 어떤 인상을 받으면서 그 책에 관심을 갖는다. 마음이 환해지는 느낌이 들 때도 있고, 맛없는 짬뽕을 먹었을 때처럼 '우웩, 이게 뭐야' 하는 느낌을 가질 때도 있다. 그리고 많은 경우 아예 눈길조차 주지 않는 경우도 있다(다

른 책을 돋보이게 만드는 배경 같은 책으로 인식되는 경우가 가장 많다.).
중요한 건 독자들에게 '어, 이거 왠지 읽고 싶은 느낌!' 이런 기
분을 들게 하는 책이다. 차별화보다 더 중요한 건 '느낌'이나 '믿
음'과 같은 것이다.

……그가 책장 앞으로 걸어갔다. 책장에는 9권의 책이 표지를 내보이며 진열되어 있었다. 그는 제일 윗줄을 훑어보며 책을 들었다 놨다 했다. 마땅한 책이 없는지 아랫줄을 훑어보며 노크하듯 책을 하나씩 두드렸다. '여기도 없군.' 그가 혼잣말을 하며 마지막 줄을 훑었다. 그는 한숨을 내쉬었다.

"없다고, 없어. 세상에 단 하나밖에 없다고 말하기에는 이 9권의 책에는 다른 책의 냄새가 진하게 배어 있다고. 이 책들은 지금 서점에서 가장 잘 팔리고 있는 뜨거운 책들이야. 그런데도 어디선가 본 듯한 느낌이 들거든. 그 느낌은 말이야, 이 책을 보면 근사해질 것 같은 기분이라고. 베스트셀러라는 타이틀 때문이든, 혹은 친숙한 제목 때문이든 나는 지금 이 책들을 보면 마음이 들썩인다고. 그런 게 책이지."

그가 빈 손바닥을 내보였다.

"솔로몬의 말을 빌린다면, 서점 아래 새로운 책은 없는 거야."

"제 원고에 무엇이 부족한지 알겠습니다. 마음이 앞서다 보니 독자를 배려하지 못했습니다. 솔직히 독자에 대해서 이만큼 고민한 적이 없습니다. 제가 독서하면서 갖게 된 그 이미지를 따라 '글이란 이런 것이다'라고 여기며 나만의 집을 지었을 뿐 어떻게 독자에게 다가서야 하는지 전혀 생각하지 못했습니다."

그는 아련한 듯 천장을 바라보며 미소를 지었다.

"내 아이가 어렸을 때 말이지, 약을 먹이기 위해 꿀을 먼저 먹였지. 숟가락으로 먼저 꿀을 준 다음, 다시 같은 숟가락으로 약을 주면 아이는 입을 하마처럼 벌리고 받아먹어. 약을 먹어야 할 사람을 먼저 생각하지 않는다면 모든 책은 잔소리가 되고 말지."

"고객의 눈높이를 맞추라는 뜻이군요."

"그렇지. 그러나 오버하지는 말자고. 그 말은 오해의 소지가 있으니까."

"오해의 소지요?"

"자네가 책을 쓰기 전에 생각해야 할 사람은 물론 독자야. 그러나 이보다 중요한 사람이 있지. 책의 출간을 결정하는 사람, 즉 출판사 대표야. 그들에게 선택받지 못하면 자네의 책은 독자를 만날 기회조차 얻지 못해. 그래서 출판사 대표의 머릿속을 가득 메우고 있는 그 이미지를 모방해야 한다고. 그게 모방 전략의 핵심이야."

"그렇군요. 제 책의 1차 독자는 실제 독자가 아니라 출판사가 되겠군요."

"출판사를 뚫지 못하면 책도 없는 거야."

가슴이 환해지는 느낌이었다. 책 쓰기에도 전략이 필요하다는 얘기는 들어본 적이 없었다.

"'꿈꾸는 소년'이 제게 이렇게 말했습니다. '자네는 출간방향이 맞지 않다는 말의 의미를 몰라.' 이제는 알 것 같습니다. 출간방향이 맞지 않다는 말은 출판사가 생각하고 있는 그 이미지, 출간하면 팔릴 것 같은 그 느낌과 맞지 않다는 말이군요. 이제 어떻게 책을 써야 할지 감이 잡혔습니다."

그가 손을 저었다.

“아직! 자네는 이제 겨우 책 쓰기에 한 걸음 가까워진 거야. 아직 배워야 할 게 남았다고.”

“네?”

“모방 전략만으로는 곤란해. 그건 자네 책이 2등이라고 말하는 것밖에는 안 된다고.”

“이해가 되지 않습니다. 그렇게 만들어야 한다고 열변을 토하신 게 아닌가요?”

“거울을 통해 모방 전략을 배웠다면 이제는 그림자를 통해 반걸음 전략을 배워야 할 때라고.”

“그림자는 또 뭐고, 반걸음 전략은 또 뭡니까?”

| **Summary** |

‘출간방향이 맞지 않다’는 말은 출판사가 생각하고 있는 그 이미지, 출간하면 팔릴 것 같은 그 느낌과 맞지 않다는 얘기다!

저자란 독자의 딱 반걸음 앞에서
길을 안내하는 사람

잠시 뒤 그는 책장 뒤에서 이상한 모자 하나를 들고 왔다. 모자 꼭대기에는 안테나처럼 길쭉한 막대가 붙어 있었고, 그 끝에 전구가 달려 있었다. 그가 내 머리에 모자를 푹 씌웠다.

"잘 맞는군. 이제 불을 꺼볼까?"

스위치가 내려갔다. 어둠이 눈을 가렸다. 뚜벅뚜벅, 사락사락. 그가 빠르게 걸어오는 소리가 들렸다. 온기가 느껴진다 싶더니 내 귀에 그의 숨결이 느껴졌다.

"음, 여기 어디 스위치가 있을 텐데."

모자를 만지는 느낌이 들더니 그가 엄지로 뒤통수를 꾹 눌렀다. 팟! 모자 전구에 불이 켜졌다.

"됐군. 자, 보라고. 자네의 그림자가 생겼지. 그 그림자의 머리 부분을 밟아보게나."

그의 말마따나 바닥에는 나의 그림자가 키가 반 토막 난 채 드리워져 있었다. 전구가 내 머리 뒤쪽에서 빛을 내뿜고 있는 점을 감안하면 그림자가 뭉툭해 보이는 건 자연스러운 일이었다. 그런데 이걸 밟아보라고?

"머리 쪽을 밟으면 됩니까?"

"그래, 밟아보라고. 몸통은 안 되네. 꼭 머리여야 해."

그러나 아무리 발을 내밀어도 그림자의 머리 부분에는 발이 닿지 않았다. 다리가 짧은 게 죄인가, 낑낑거리며 발을 뻗었지만 머리는 커녕 가슴도 닿지 않았다.

"아니, 좀 더 분발해보라고. 답답하면 움직여도 좋아."

그의 응원에도 불구하고, 다리는 닿지 않았다.

"아니, 좀 머리를 써보라고. 아이가 되어 자연스럽게 그림자밟기를 해보라고."

그제야 그가 원하는 게 뭔지 알 것 같았다. 어렸을 때 친구들과 그림자밟기 놀이를 하다가 우리는 엉뚱한 제안을 한 적이 있었다. '자기 그림자 누가 먼저 밟나 내기하자.' 하지만 그림자는 번번이 나보다 반걸음 앞에서 도망쳤다. 아이들은 신나게 자기 그림자를 쫓아갔고, 그러다 보면 동네 끝까지 뛰어가는 놀이로 바뀌었다. 그렇게 땀을 한 바가지 흘리고 나면 엄마에게 혼나기 일쑤였다.

아이처럼 그림자를 밟으려고 걸음을 번갈아 옮겼다. 예상했던 대로 그림자는 반걸음 앞에서 달아났다.

"그래, 바로 그거야."

그가 손뼉을 쳤다.

"잘했어. 밟으려고 하면 빠져나가는 저 그림자가 바로 당신이 배워야 할 두 번째 전략이라고. 어때, 내가 무슨 말을 하려는지 알 것 같지?"

이 엉뚱한 놀이는 다 뭘까? 고작 그림자밟기나 하려고 이 새벽에 강원도까지 온 건가?

"이런 아이 같은 놀이로 제가 뭔가 배우기를 바라시는 겁니까?"

"왜? 이렇게 쉬운 게 어디 있다고? 나는 다 알려주었잖아?"

"모르겠습니다. 진지하게 배울 만한 환경이 맞나 싶어요."

"이렇게 쉬운 걸 모르겠다고? 자네는 독자야, 이 그림자는 책이고. 독자는 책을 따라서 어딘가로 가는 거라고. 자네는 책을 통해 독자를 저 무지개 너머 아름다운 곳으로 안내하고 싶은 게 아닌가? 그러면 당연히 그림자는 딱 밟힐 것 같은 거리에서 독자를 안내하는 역할을 해야 할 게 아니야? 조금 실망인걸. 이건 아주 간단한 비유였는데 말이야."

아.

그가 방에 불을 켜고 모자를 도로 갖다 놓았다. 그의 얼굴에 그림자가 졌다. 실망한 기색이 역력했다.

"나는 자네가 머리가 트인 사람인 줄 알……"

"아니요, 알겠습니다."

그의 말머리를 잘랐다.

"정말 알 것 같습니다. 모방 전략 이야기를 들으면서 제가 답답하게 여겼던 게 이제야 속 시원히 밝혀졌습니다. 그러니까 저는 독자와 함께 길을 떠나는 사람인 거죠. 저는 독자의 안내자 역할을 하는 사람입니다. 그들이 어딘가로 갈 수 있도록 도와야 하는 거죠."

"그렇지. 말 잘했어. 물론 그게 전부는 아니지만 정말 잘 말했어. 그림자가 알려주는 이 반걸음 전략은 절대 모호한 게 아니야. 들어보면 너무나 당연하고 너무나 명확하지. 손에 잡힐 듯이 너무나 구체적이지."

"예를 들면?"

"모방 전략에서 우리는 새로운 책이란 없다고 말했지. 그런데 자네는 묻지 않더군. 새로운 책이 없다는 말의 진짜 뜻을. '새로운 게 없다'는 말은 인간의 본질에 대한 얘기야. 사람은 예나 지금이나 먹고 사는 문제와 후손을 남기는 문제가 중요해. 옛날 책에 보면 이런 말이 있지. '음식남녀(飮食男女)가 인류의 중대사다.'

'음식'은 먹고 마시는 것, '남녀'는 후손을 남기는 문제를 말하지. 이 두 가지 일은 옛날부터 지금까지 줄곧 인간사에서 중요한 역할을 했어. 이런 문제는 변치 않는다는 말이야.

고대 이집트에서 발견되었다는 문장도 유명하잖아? '요즘 젊은 것들은 버릇이 없어.' 이런 건 세월이 지나도 절대 변하지 않지. '버릇이 없다'는 말은 기존의 고정관념에 구애받지 않는다는 말인데, 만일 나이 든 사람들과 사고방식이 똑같다면 새로운 시대에 부딪치게 될 난제는 어떻게 푼다는 말인가? 새로운 문제를 풀기 위해서는 새로운 사고가 필요한데 그게 나이 든 사람들이 보기에 버릇없는 것처럼 여겨지는 거지. 그래서 젊은이들은 늘 노인들에게 '버릇없다'는 말을 듣는다고. 이것도 변치 않는 어떤 것이야.

또한 행복을 바라는 것도 예나 지금이나 똑같은 일이야. 잘 살고 싶다, 오래 살고 싶다, 행복하고 싶다는 마음은 2000년 전이나 지금이나 사람들이 똑같이 누리고 싶어 하는 것이지. 그런데 여기에 문제가 있어."

그는 잠시 뜸을 들이더니 다음과 같이 이야기를 풀었다.

사람은 금방 질리고 말아. 질린다는 말의 의미는 두 가지야. 하나는 우리가 잘 아는 대로 '아무리 맛있는 음식도 삼시세끼 먹으면 질리고 말지' 하는 뜻이지. 또 하나는 '더 맛있는 게 있다'는 거야. 아무리 맛좋은 김밥이라도 매일 먹으면 질려버리고 말아. 그런데 요즘은 김밥이 다양해졌지. 나는 김밥을 좋아했어. 쿠킹호일에 싼 한 줄 김밥을 지하철을 타면서도 먹고는 했지. 그러다가 어느 땐가부터 김밥이 시들해졌어. 그러다 우연히 돈가스를 넣은 김밥을 만났는데 정말 맛이 좋았지. 세상에! 어떻게 김밥에 돈가스를 넣을 생각을 했지? 그래서 한동안은 돈가스 김밥만 먹었다고. 그런데 말이야, 요즘은 또 시들해졌어. 뭔가 새로운 김밥을 먹어보고 싶지만 돈가스 김밥을 뛰어넘는 새로운 김밥을 찾지 못했어. 그러다 보니 김밥은 별로 생각이 나지 않더군. 나는 '맛좋다!'는 경험을 되풀이하고 싶지만 이제는 김밥에서는 더 이상 즐거움을 찾지 못하는 신세가 되었어. 그러다가 칼국수를 만났다네. 물론 모든 칼국수는 아니고, 단골이 된 손칼국수 그 집이 내 입맛을 사로잡았다고.

라면 시장에서 벌어지는 유명한 격돌이 있지 않나? 짬뽕 라면이 한창 대결을 벌이더니 다음에는 짜장 라면, 그러다가 부대찌개 라면도 나오고 말이야. 처음 짬뽕 라면을 먹었던 그 순간의 맛을 잊지 못하잖아? 라면 마니아들은 점점 새로운 맛을 추구하는데 그 본질은 똑같아. 라면의 맛에 눈을 뜨던 그 순간의 행복을 오늘에 되풀이하고 싶다! 내 인생의 라면, 또 먹고 싶다! 그 경험을 되풀이하기 위해 우리는 오늘도 죽어라고 새로운 레시피를 찾는단 말이야.

오늘날 사회과학 서적의 중요한 주제인 '평등'은 과연 언제부터 사람들의 이목을 끌었을까? 불과 수십 년 전에는 '먹고 사는 문제'가 가장 큰 문제였어. 입에 풀칠만 해도 소원이 없던 시절이 있었지. 그런데 이제는 다른 게 문제가 된 거야. '먹고 사는 건 됐고! 왜 나는 저 정도의 경제력을 못 누리는 거야?' 하고 니즈가 바뀐 거지. '먹고 사는 문제', 즉 절대적 가난의 문제에서 상대적 가난의 문제가 튀어나오면서 '불평등' 문제가 불거졌다고. 나이가 있는 분들은 요즘 젊은이들이 힘든 일을 하지 않으려고 한다고 말하는데 이 젊은이들에게 '먹고 사는 일'은 더 이상 문제가 아니야. 신라면에서 짬뽕라면으로 입맛이 바뀌었듯이 뭔가가 바뀌었다고. 그러나 '행복하고 싶다'는 마음은 그대로야.

만일 변치 않는 게 사람의 욕망이라고 한다면, 변하는 건 욕망을 채워주는 그 대상이야. 사람은 쾌감을 되풀이해서 누리고 싶어 하지만 이전과 똑같은 방식으로는 쾌감을 누릴 수 없거든.

아까 우리는 '빅 데이터' 책의 변천사에 대해서 이야기했어. 처음 책은 빅 데이터가 뭔지, 왜 중요한지 밝히는 내용이었지. 그러나 다음에는? 그렇지, 그렇다면 빅 데이터 가운데 어떤 게 소음이고 어떤 게 신호인지 알아차리는 방법이겠지?

그러면 다음은 뭘까? 두 가지 길이 있지. 하나는, 빅 데이터를 어떻게 모으고 해석해야 할까? 하는 구체적인 방법론으로 가는 길이고, 둘은 미래 예측에 대한 관심으로 확대되는 것이지. 그런데 구체적인 방법론은 기술이 필요한 일이라서 전공자가 아니면 공부하기 힘들어. 빅 데이터 프로그램을 만져야 하거든. 반면 미래 예측에 빅 데이터가 활용된다는 얘기라면 달라지지. 언제부터인가 국내에 '미래 예측'과 관련된 책들이 늘기 시작했는데 빅 데이터는 어쩌면 그 큰 흐름의 한 지류를 형성하고 있는 게 아닌가 싶어. 만일 그렇다면 〈신호와 소음〉까지 보고 만족한 사람들은 이제는 '미래 예측' 전문가들의 다양한 통계 자료와 해석 자료에 대한 니즈를 가질 수 있어(어쩌면 '미래 예측'에 관심을 갖고 있다가 '빅 데이터'를 만난 경우일지도 몰라.). 나아가 〈신호와 소음〉의 저자가 통계학을 통해 미래 예측을 해온 전문가라는 점이 기폭제가 되어 과학과 통계 등의 책이 인기를 끌 수도 있는 노릇이고 말이야. 빅 데이터는 A.I와 결합하면서 지금까지 어떤 도구보다도 미래 예측에 가장 근접한 답을 내놓는단 말이야.

그리고 잠시 옆길로 새자면 '빅 데이터' 주제는 이제 개인의 빅 데이터 활용을 논하는 단계로 나갈 수 있어. 지금까지는 기업체나 기관투자자, 정부기관에서 빅 데이터를 활용하는 방법이 주를 이루었어. 아직 개인, 즉 창업자나 개인투자자에게 필요한 빅 데이터 활용법은 대중화되지 않았다는 말이지. 지금 네이버나 구글에서 개인이 활용할 수 있는 빅 데이터 툴을 제공하고 있는

데 이런 도구들의 활용법을 소개하는 책이 나올 수 있고, 나아가 이런 도구로 성공한 사람들의 이야기가 책의 좋은 소재가 될 수 있다고.

어쨌든 말이야, 빅 데이터 혹은 미래 예측과 관련된 책의 다음 행보를 예측할 때 가장 주의 깊게 봐야 할 것은 사람들의 욕망이라는 점이야. 사람들이 이 책을 통해 얻고 싶은 게 무엇일까? 불확실한 미래를 제어하고 싶은 거 아니야?

불확실한 미래를 제어하기 위해 사람들이 활용해온 방법든 여러 가지야. 어떤 사람은 점을 보기도 하고, 기도를 올리기도 하지. 비과학적인 방법이지만 지금도 재미삼아, 혹은 일부 진지한 마음으로 시도하는 방법이지. 혹은 미래 예측 전문가의 책을 통해 미래를 대비하려는 사람들도 있고, 혼자 힘으로 다양한 자료를 탐구하여 역사의 다음 페이지를 훔쳐보려는 사람도 있지. 예전 주식책들을 살펴보면 주가 차트의 움직임을 보고 봉이 몇 개면 이제 내려간다, 올라간다 예측하던 도구들도 있었어. 모두 거짓이라는 게 들통 났지만, 그게 중요한 게 아니라고. 사람들은 미래를 예측해서 돈을 벌고 싶은 거야. 타임머신이 나오는 영화에는 빠지지 않고 등장하는 대사가 있잖아? 미래에서 온 사람이 과거의 지인에게 이렇게 말하지. 'A사의 주식을 사두라고 앞으로 10년 뒤에는 떼돈을 벌 테니까.'

좋은 저자는 변치 않는 것과 변하는 것에 대해서 감을 갖고 있지. 책을 속과 겉으로 나눈다면 속은 늘 변치 않는 인간의 욕망을 담고 있어야 하고, 겉은 변화무쌍한 세상의 흐름을 담고 있어야 한다고.

자, 여기서 바로 그림자밟기 놀이가 탄생하지. 아직 오지도 않은 미래를 얘기해봐야 독자들은 자기 문제라고 여기지 않아. 마찬가지로 이미 지나가버린 과거를 화제 삼아봐야 독자들은 흥미를 보이지 않지. 책은 사람들이 지금 당면한 과제에 대해서 독자보다 딱 반걸음 앞에서 이야기를 끌고 가야 한다고. 독자 입장에서 자신이 아는 예전의 답으로는 해결되지 않는 문제가 있을 테고, 그 문제에 대한 답을 주는 게 책이 할 일이야. 그런 점에서 저자는 독자보다 딱 반걸음 앞에서 걷고 있는 사람이라고.

반걸음 전략은 전혀 새로운 게 아니야. 맥루한이 쓴 〈미디어의 이해〉라는 책이 있어. 이 책은 '미디어는 메시지다'라는 말로 유명하지. 이 책에 보면 흥미로운 내용이 등장한다고. 맥루한이 이 원고를 출판사에 보내고 나자 편집자에게서 피드백이 왔지.

"당신 원고의 75%는 새로운 내용입니다. 그런데 책이 성공하려면 새로운 것이 10%를 넘어서는 안 됩니다."

독자가 사전에 알고 있던 내용이 90% 이상, 새롭게 아는 내용이 10% 미만이어야 한다는 말이야. 낯선 얘기가 10%를 넘으면 독자의 공감대를 끌어내기 어렵다는 얘기지. 위의 말에 따르면 90:10의 법칙은 미국 출판사 편집부에서 불문율처럼 지키고 있다는 얘기야. 물론 맥루한처럼 예외가 있기는 하지만.

나는 박경철 씨가 이 방법의 가장 적합한 예라고 생각해. 그는 이렇게 말하지. 만일 내가 주식 책을 쓰려고 한다면 먼저 기존 주식 책들을 보면서 공통점을 찾아서 이를 내 책의 베이스로 삼고, 그들이 말하지 않은 몇 가지를 찾아서 넣는 방식으로 원고를 완성해 간다고. 그렇게 하면 90:10의 법칙을 잘 지킬 수 있어. 물론 그 10%가 숨어 있어서는 안 되고, 보다 핵심적인 역할을 해야 해. 감춰놓고 '나는 달라'라고 말하는 건 안 된다고 앞에서도 얘기했지. 그리고 새롭게 발견한 10%가 책의 전체 주제를 이끌고 가야 한다는 건 두말할 것도 없고.

이게 반걸음 전략이야.

반걸음 전략을 잘 쓴다는 말은 독자를 잘 이끌어준다는 뜻이야. 독자의 눈높이를 알고, 그들보다 약간 앞에 서서 안내해주는 역할을 하거든. 마치 여행 가이드 같은 사람이지. 과거에는 저자가 산의 정상에 서 있었어. 산 입구에 서 있는 사람들에게 올라오라고 손짓을 했지. 그런데 지금은 저자들이 산 입구에서 독자와 함께 서 있어. 독자보다 딱 반걸음 앞에서 함께 호흡하며 산을 오르는 사람이지.

이런 현상이 생긴 건 얼마 되지 않아. 대학가의 전통 학문이 쇠퇴하고, 학계와 대중 사이에 간극이 벌어졌던 시기를 기억할 거야. 그때 무슨 일이 있었는가 하면 학자들은 대중이 학문을 외면한다고 서러워했고, 대중들은 학자들이 무슨 말을 하는지 도저히 이해하지 못하겠다는 말을 처음으로 털어놓았어. 둘 사이에 결별이 시작되었지. 예전 같으면 '무식한 대중'이 '유식한 학자'

의 의견에 밀리게 되었지만 시대가 변모했어. '무식한 대중'이 힘을 갖게 되면서 '나에게 맞춰 달라'고 요구하기 시작한 거야. '당신의 이야기는 너무 어렵고, 내 문제 해결에 별로 도움이 되지 않아. 내가 바라는 건 당신의 그 어려운 말이 아니라 내 삶의 행복이라고!' 시대가 역전되면서 대중의 니즈에 따라 대중 소통 전문가들이 등장하기 시작하지. 비록 기존 전문가들에게 '저 사람은 아는 게 너무 어설퍼'라고 핀잔도 듣고 욕도 먹기는 하지만 그들은 최소한 대중과 소통이 가능해진 사람들이야. 독자를 위해 어려운 이론을 쉽게 설명해주고, 독자의 문제 해결에 도움 되는 답변을 내놓기 시작했지. 대중이 원하는 글을 쓰기 시작한 거야. 지금 출판시장을 지배하는 많은 사람들이 대중과 소통이 가능해진 저자들이야. 나는 어느 역사학자가 유명 소설가를 비판하는 경우도 보았어. 그 소설가는 역사를 몰라도 너무 모른다고 말이야. 대중성을 앞세운 사람들은 전문가에게 비난을 받는 경우가 많지. 하지만 대중은 그딴 거 신경 쓰지 않아. 대중이 보기에 이 대중 저자들은 최소한 내가 이해할 수 있게 말을 하거든. 스티브 잡스 이야기를 하지 않을 수 없겠어. 유저인터페이스(UI)나 유저의 경험(UX)을 논하는 사람들은 '인지의 사다리'라는 말을 쓰곤 해. 그들은 이렇게 말하지. '스티브 잡스가 스마트폰을 개발하지 않았다는 건 사실이다. 그러나 사람들은 스마트폰 하면 스티브 잡스를 제일 먼저 떠올린다. 무슨 말인가 하면 스티브 잡스는 인지의 사다리를 제일 먼저 타고 올라간 사람이기 때문

이다.'

애플 마니아는 듣기 싫은 이야기겠지만 아이폰의 원류를 찾아가면 뜻밖에도 다른 업체가 선보인 휴대폰과 만나게 돼. 지금의 스마트폰과 가장 근접한 형태의 폰을 만든 건 사실 우리나라 기업이었지. 물론 그 폰의 연원을 따라가면 또 다른 무수한 폰을 만나게 되고. 그러나 사람들은 스마트폰 하면 아이폰을 먼저 떠올린다고. 사람들이 '스마트폰'을 인지하는 범위 안에서 '아이폰'은 사다리의 가장 높은 곳에 위치하고 있단 말이야. 그래서 마케팅에서 가장 중요한 걸 '인지의 사다리 타기'라고 말하곤 해. 누가 먼저 만들었느냐는 중요하지 않고, 누가 먼저 인지시켰는가 하는 게 중요하단 말이야. 마찬가지로 독자 역시 그 이론의 창시자가 누구인지는 관심 없어. 누가 나에게 쉽게, 적합하게 전달해주었느냐만 기억한다고.

반걸음 전략의 본질은 이런 거야. 일단 산의 정상에서 내려와서 독자가 서 있는 곳에서 다시 출발할 것! 내가 하는 이야기가 새로운 것일 필요는 없고, 독자가 새롭다고 느끼기만 하면 그만이라는 것! 물론 이때 '새롭다'는 말은 액면가 그대로 '새롭다'가 아니라 '아, 그렇게 하면 내 문제가 풀리겠구나!' 혹은 '이거 읽어보고 싶어지는걸!', '이거 근사할걸!' 하는 감정을 말하는 거야.

그가 허공에 두었던 시선을 거두어 나를 바라보았다.

"그림자밟기가 왜 필요한지 이해하겠나? 독자가 모든 걸 결정하는 시대야. 이 시대가 요구하는 법칙에 따라야 한다고."

이런 건 한 번도 생각해 본 적이 없었다. 물론 모든 저자가 이렇게 접근하는 건 아니겠지만 이걸 알고 다가서면 뭐라도 다르지 않을까. 꿀 먹은 벙어리처럼 나는 아무 말도 할 수 없었다. 그가 옆으로 다가왔다.

"독자 중심의 시대가 되었다는 말은, 독자가 원하는 기대감이나 신념을 깨뜨려서는 안 된다는 의미야. 내가 아는 어떤 사람은 습관적으로 '아니'라는 단어로 말을 시작하곤 해. '너 지난번에 창피했겠다'고 친구가 말하면 '아니, 사실 말이야' 하고 '아니'라는 단어부터 꺼내는 친구들 있잖아? 이런 말투는 상대의 의견을 부정하면서 시작하는 대화법이야. 이런 친구들이랑은 말을 섞기가 싫어지지. 독자도 마찬가지야. 독자의 기대감, 신념을 부정하면서 시작하는 책을 좋아하지 않는다고."

"잔소리처럼 느껴지니까요."

"그래, 맞아. 공감 없이 조언을 하면 잔소리가 되지. 그런 점에서 우리는 90:10의 법칙을 다시 생각해 봐야 해. 좋은 책이란 90%의 익숙한 이야기와 10%의 낯선 이야기의 조합이라는 얘기 말이야."

"저도 떠오르는 게 있습니다. 가수이자 프로듀서인 박진영도 TV에서 그런 얘기를 했던 기억이 납니다. 노래를 작곡할 때는 익숙한 코드 진행을 베이스로 삼고 한두 번의 독특한 코드 진행을 섞으면 좋은 곡을 만들 수 있다는 말이었죠."

"좋은 얘기야. 그런데 '익숙한 이야기가 90% 들어가야 한다'는 말은 '익숙하다'는 말이 포인트가 아니라 사람들의 상식 혹은 믿음을 깨는 이야기여서는 곤란하다는 뜻이야. 오늘날 사람들은 인권을 중요한 가치로 삼고 살아가지. 자녀를 교육할 때도 아이를 인격적으로 대해야 아이가 잘 자랄 것이라는 기대나 신념을 갖고 있다고. 그런데 '매로 때려라, 아이가 죽지 않으리라.'는 잠언의 문장에 매료되어 '아이는 때려야 산다'는 식으로 콘셉트를 정하게 되면 어떨까? '미친 놈' 하며 외면하는 독자가 많을 거야. 또 '개고기를 먹는 건 문화의 한 현상일 뿐이다. 문화적 관점에서 바라보아야 한다'고 주장하는 책이 있다고 쳐보자고. 이건 견권(dog's rights)이라는 문제를 떠나서 반려견 시대에는 별로 달갑지 않은 주장이지. '문화' 운운하는 게 설령 진실에 가깝더라도 사람들이 듣고 싶어 하는 말이 아니라는 것을 이해해야 해. 〈로마인 이야기〉에 사람은 자기가 보고 싶어 하는 현실만 본다는 말이 있지? 만일 사람들과 소통하고 싶다면 독자가 '보고 싶어 하는 것'을 깨뜨려서는 안 돼. 타인의 신념, 특히 독자의 믿음은 조심스럽게 다루어야 할 유리와 같은 거야."

"얼마 전에 〈그릿(Grit)〉이라는 책을 본 적이 있습니다. 저도 그 책이 끌렸는데 '성공이란 부모의 재력이나 타고난 아이큐에 달린 게 아니라 개개인의 끈기(grit)에 영향을 받는다'는 메시지가 저를 울리더군요. 제가 그 책을 산 이유도, 그게 저의 신념, 즉 나가 열심히 하면 언젠가는 성공할 것이라는 믿음을 그 책이 증명해주었기 때문이라는 생각을 했습니다."

"하나를 가르치면 둘을 아는 친구군. 내가 진짜 하고 싶은 말이 바로 그거야. 사람들은 '현실은 이래' 하면서 냉정한 현실을 말하지만 속으로는 믿고 싶은 바가 있다고. 그 믿고 싶은 바, 혹은 믿고 있는 바를 깨뜨리지 않고 도리어 증명해주는 책이라면 누군들 좋아하지 않겠어? 설령 증명까지는 아니어도 독자의 기대감이나 약해진 마음을 응원해주고 위로해주고 격려해주는 이야기라면 일단 독자와 공감은 된 거라고."

숨이 막히는 기분이었다. 내 방에 꽂혀 있는 책들이 떠올랐다. 내 생각을 정면으로 부정하고 거부하는 책이 아니라 나를 지지해주고 응원해주었던 책들이었다. 가만히 생각해 보면 나 역시 그런 책을 골랐다. 약해져가는 내 의지를 다져주고, 절망해가는 내 마음에 다시 기대감을 품게 만들어준 게 그 책들이 아닌가. 직장을 옮기며 '이곳은 내가 있을 데가 아니다'라며 의기소침하게 풀 죽어 있던 나를 다시 살아갈 수 있도록 만들어준 게 그 책들이 아닌가.

"아!"

깊은 탄식이 흘러나왔다. 그가 활짝 웃으며 내 손을 잡았다.

"이제 1층에서 자네가 배울 건 없다네. 지금까지 배운 것은 전체적인 그림을 보여준 것에 지나지 않거든. 실기가 필요하단 말이야. 실제로 주제를 정하고 목차도 잡아보고 글도 써보면서 감을 잡는 게 좋아. 이제 이별이네. 저기로 가면 거울 뒤로 문이 보일 거야. 계단을 올라 2층으로 가게나."

그의 손은 두껍고 거칠었다. 책을 넘기는 고운 손이 아니었다.

"참, 자네 내가 누군지 궁금하지는 않았나? 나는 전직 출판사 대표라네. 예전에 작가 군단을 만들어보려고 저자 학교를 세웠는데 그때 툭하며 나를 찾아왔던 사람이 '꿈꾸는 소년'이라고. 덩치에 어울리지 않게 너무 큰 꿈을 갖고 있었던 사람이지. 그는 저자 학교를 다니는 동안 출판이 실은 차가운 현실이라는 것을 깨달았지. 그는 책 쓰기를 낭만적으로 보고 있었거든. 그 뒤로는 출판사라면 치를 떨게 되었지만 여전히 사람을 내게 보내준다고. 출판은 낭만이 아니야. 좀 속되게 표현하면 책으로 장사하는 게 출판사야. 그런 곳에 투고하려면 당연히 저자도 현실적인 입장에서 접근해야 하는 것이지. 이제는 알겠나? 책 쓰기란 철저히 전략이라고."

전직 출판사 대표와 악수를 나눈 뒤 2층 계단으로 향했다. 얼떨떨한 기분이었다. 전략이라는 단어가 머릿속을 맴돌았다. 책 쓰기란 게 전략적으로 접근해야 하는 일이라면 내가 글을 썼던 방법은 너무 아이 같았다. 2층 계단이 나타났다.

제2장

질문과 답을 통해 책의 콘셉트 만들기

책이란
좋은 질문이거나 좋은 답

"1층의 그 작자는 잘 있던가? 하는 말이 다 쓰레기 같은 사람이지. 말을 어쩌면 그따위로밖에 못하는지 모르겠어. 사실 책 쓰기란 건 매우 단순하거든. 그런데 뭔 말이 그렇게 거창해? 아무리 귀 기울이고 들어도 무슨 말을 하는지 모를 때가 많아. 외계어를 쓰는 것도 아닌데 왜 내 귀에는 안 들리느냐 이거야. 개굴."

2층 문을 열고 들어서자 어디선가 말소리가 들렸다. 책상 의자에 구부정한 자세로 등지고 앉아 있는 사람이 보였다. 사람이라고 하기에는 어깨가 둥그렇고 머리가 너무 컸는지도 모른다. 고개를 푹 숙이고 있는 것처럼 보여서 몸이 불편한 사람이 아닐까 싶기도 했다. 그가 고개를 돌렸을 때까지도 나는 그가 사람이라고 믿었다. 단지 괴상한 가면을 쓰고 있구나, 하고 놀란 가슴을 진정시키려고 했다. 그러나 내 두 눈을 믿지 않을 수 없었다. 그건 개구리였다.

"너무 놀라지 말게. 지난번에 어떤 작자도 '개구리가 말을 한다'며 꽁무니를 뺐거든."

그가 자리에서 일어나 천천히 걸어왔다. 그의 키는 내 허리에 조금 못 미쳤다.

"자, 정식으로 소개하지. 나는 토하는 개구리라네."

"네?"

"토하는 개구리라고. 구토한다는 말 몰라?"

"이름이 특이하시군요."

"특이한 게 아니야. 진실을 말하는 거야. 있어 보이려고 자기를 꾸미며 근사한 말을 하는 사람이 나는 세상에서 제일 싫어."

"저도 그건 싫습니다."

"사람이 됐군. 그런데 1층에서는 무엇을 배웠나?"

"모방 전략과 반걸음 전략, 두 가지를 배웠습니다."

"그래, 두 가지씩이나 배웠으면 이제 어떻게 해야 하는지 감이 오는가?"

"아직은 잘 모르겠습니다. 조금 더 구체적인 걸 배웠으면 좋겠습니다."

"내 그럴 줄 알았지. 말은 '전략'이니 뭐니 근사하게 내뱉지만 결국 어쩌자는 건지 해답이 없지 않은가? 사실 1층은 그냥 시간 때우는 곳에 불과해. 통과해도 전혀 이상이 없다고. 개굴."

"전체 그림을 보여줄 필요가 있다고 생각해서 그런 게 아닐까요?"

"전체 그림? 내 그림이 작은 그림이라는 말인가? 천만에 만만에! 콘셉트(concept)가 책 쓰기의 전부라고!"

개구리 씨는 다음 말을 잇지 못하고 머뭇거리다가 말을 정정했다.

"전부까지는 아니지만 거의, 거의 말이야, 거의 전부라고 부를 수도 있다고 말할 수도 있단 말이지……"

개구리 씨가 미간을 찌푸리며 주먹을 꽉 쥐었다.

"전부가 아니면 어때? 그게 무슨 상관이야. 어쨌든 책 쓰기에서 가장 중요한 건 콘셉트야."

"그런데 콘셉트라는 게 뭔가요?"

개구리 씨가 펄쩍 뛰었다.

"아니, 그게 무슨 소리야? 콘셉트를 몰라? 자네는 저자가 되려는 사람이 아닌가?"

"맞습니다. 저자가 되고 싶습니다."

"그럼, 책 제목도 생각해 봤을 것 아닌가?"

"그렇죠. 생각해 봤지요."

"제목은 콘셉트를 가다듬어서 만든 거잖아. 그렇다면 콘셉트란 게 뭔가?"

"글쎄요."

"이런 파리 같은 녀석!"

그는 뱀 만난 개구리처럼 펄쩍 뛰어 책상 옆으로 자리를 옮겼다.

"이래서 1층이 필요 없다는 거야. 콘셉트가 뭔지도 모르는 자를 예비 저자라고 2층으로 올려 보내다니!"

"저, 개구리 선생님, 부디 저를 가련히 여기사 콘셉트가 뭔지 속 시원히 알려주시면 알 될까요?"

개구리 선생은 눈을 가느다랗게 뜨며 나를 쳐다보았다. 나는 최대한 불쌍한 자세로 그에게 매달렸다. 그의 입 꼬리가 귀에 닿을 듯 치켜 올라갔다.

"훌륭한 학생이군."

개구리 선생은 흡족한 미소를 지으며 다음과 같은 이야기를 들려 주었다.

인간 세계에서 어떻게 정의를 내리는지 모르겠지만 콘셉트란 '좋은 답'이지. 어떤 사람은 '좋은 질문'이라고 말하기도 해. 둘 사이의 차이는 동전의 앞뒷면 차이밖에 없지. 답이 있다는 말은 질문이 있다는 얘기고, 질문이 있다는 말은 답이 있다는 얘기거든(간혹 답이 없는 질문도 있다고 말하는 녀석이 있는데 그런 질문은 버리면 그만이야.). 그렇지만 오해의 소지를 없애기 위해 '콘셉트란 좋은 답'이라고 정리해 두지.

몇 년 전 이야기야. 신문에서 건축 관련 기사를 쓰던 어느 기자가 있었어. 이 기자가 하루는 건축가와 함께 비행기를 타고 가면서 이런 이야기를 나누었지.

'서울에서 집 장만 하기란 참 힘든 일이다.'

'맞다, 집을 사느니 짓는 게 나을 수도 있다.'

'서울 근교라면 땅 값도 저렴하고, 또 당신이 건축가니까 직접 지으면 저렴하게 지을 수 있을 것 같다.'

'그래, 맞다. 만일 우리가 하나의 건물을 공동으로 짓고 반씩 나누어서 살면 어떨까?'

'돈도 반반씩 부담하고, 공간도 반반씩 나눠 갖고? 좋지. 한번 해볼까?'

어떤 니즈인지 알겠지? 웬만한 아파트가 수억에서 수십억씩을 호가하는 서울에서 집 장만이 어렵다는 사실과, 사람 바글바글하고 어지러운 도시에서 탈출하고 싶다는 욕구와, 비교적 저렴한 가격에 집 한 채 뚝딱 지을 수 있다는 여러 가지 니즈가 맞아떨어지며 이 둘은 땅콩집이라는 걸 짓게 된다고. 땅콩은 한 꼬투리에 두 개의 콩알이 들어 있잖아? 이들도 땅콩처럼 한 개의 건물을 짓되 독립된 두 가구가 들어가는 집을 짓자며 의기투합한거야.

이 책의 콘셉트를 분석해 보면 다음과 같은 도식이 가능해져.

문제 : 서울에서 집 장만하기는 정말 힘들어! 너무 비싸고, 도시
　　　라는 공간이 솔직히 마음에 들지 않거든. 자연과 가까운
　　　한적한 곳에서 살면 얼마나 좋을까?
답 : 비용도 저렴하고, 서울 근교에 자연과 가깝고, 인테리어도
　　　나의 라이프스타일에 맞출 수 있는 땅콩집, 어때?

너무 길어? 그럼 다음처럼 줄여보지.

문제 : 주거 문제에 부딪쳤어!
답 : 땅콩집이 답이야!

뭐, 어떻게 말하든 상관은 없어. 이런 니즈가 대도시 사람들의 마음에서 한여름 잡초처럼 무럭무럭 자라고 있었던 거지. 그들이 내놓은 답은 '땅콩집'이라는 것이었어. 처음엔 그게 무슨 뜻

인지 몰랐겠지. 그런데 들여다보니까 딱 나한테 필요했던 얘기네. 옳다구나! 책을 열어 보니 정말 이들의 땅콩집 짓기 스토리가 마음에 와 닿는 거야. 책을 구매하지. 꿈을 꾸지. 나도 서울 근교에서 저렴한 비용으로 내가 원하는 모습의 집을 짓고 가족과 오순도순 살고 싶어!

어때? 이들이 제시한 '땅콩집'은 좋은 콘셉트가 아닌가?

또 이런 책이 있어. 제목이 〈생존 체력〉이야. 이건 무슨 책이지? 사실 '체력'이나 '운동'과 관련된 전통적인 분야는 '다이어트'와 최근 뜨기 시작한 '몸짱'이야. 예뻐 보이거나 멋져 보이고 싶은 게 목적인 분야야. 그래서 미용 분야의 책들과 한자리에 놓일 때가 많지. 그런데 이 책은 새로운 형태의 질문을 던지고 있어. 예뻐지고 싶어서 운동한다고? 몸짱이 되고 싶어서 운동한다고? 아니야, 당신에게 필요한 건 100세 시대를 아프지 않게 살 수 있는 '기초 체력'이야! 신문기사 보면 100세 시대란 아픈 시간이 더 늘어난 시대라고 말하고는 하잖아?

듣다보면 무릎을 치게 되지. 마흔 줄에 들어선 사람들은 체력적 한계에 부딪치게 돼. 이젠 청춘이 아니거든. 오십은 말할 것도 없고, 육십, 칠십 심지어 팔십까지 일을 해야 할지 모르는데 몸이 쇠약해지고 있지. 물론 모아둔 돈이 넉넉하면 이른 나이부터는 놀러 다닐 수 있겠지. 어쨌든 일을 하든 놀러 다니든 체력이 없다면 어떡해? 환장할 노릇이지. 자, 이 책도 문제와 답으로 나누어 볼까?

문제 : 일을 하든 놀러 다니든 기초 체력이 100세 시대에는 필수
야.
답 : 생존 체력이 필요해.

물론 이 책이 분야 1위를 차지한 적은 없어. 하지만 틈을 비집고
들어가서 당당하게 자기 이름을 알린 덕분에 쏠쏠히 매출을 올
렸지. 그래서 우리는 이 책이 '콘셉트가 좋았다'고 말하는 것이
지. 그건 좋은 질문을 던졌기 때문이야.
한 가지만 더 볼까? 우리가 살아가는 이 시대만큼 '나'에 대한 관
심사가 높았던 적은 없지. 예전에는 나의 개인적 관점은 사실 중
요한 게 아니었어. 타인의 관점, 특히 국가의 관점이나 통치자
의 관점, 사회의 어떤 권위자가 갖고 있는 관점이 더 중요한 시
절이 있었지. 그러다가 〈나의 문화유산답사기〉와 같이 '나의 관
점'을 중시하는 책 제목이 등장하게 돼. 〈나의 한국현대사〉와 같
은 책도 마찬가지야. 2002년 한일 월드컵이 열리던 해를 기점으
로 우리나라에도 해외 배낭여행에 대한 관심이 커지기 시작했는
데 그 이후로 여행 분야는 계속 성장했다고. 여행만큼 '나의 관
점'이 중요한 분야가 있을까? 모든 여행책이 공통적으로 외치고
있는 게 '나는 이런 여행을 다녀왔다'는 거잖아. 나의 여행은 공
적인 보고서도 아니고, 여행의 모범을 만드는 일도 아니거든. 갈
수록 여행은 개성적인 형태로 진화하고 있고, 똑같은 여행은 점
점 사라지고 있다고. 설령 같은 장소를 다녀와도 그건 같은 여행

이 아니야. 다녀온 사람이 다르니까. 자, 이를 문제와 답으로 바꿔보자고.

문제 : 이제는 세상을 나의 관점에서 경험하고 싶어.
답 : ?

각각의 책이 답이 되는 거겠지? 혹은 다음처럼 바꿀 수도 있어.

문제 : 타인이 요구하는 대로 살아야 할까?
답 : 아니야, 이제는 나의 시선으로 세상을 보고 싶어.

문제와 답을 어떻게 나누는지는 상관없어. 그러나 이게 출판의 기본 콘셉트가 된다는 게 중요해. 이런 식의 콘셉트가 여러 곳에서 활용되고 있다는 건 주목할 일이지. 자네의 책도 문제와 답으로 나눌 수 있을 거야. 물론 모든 책은 대부분 문제와 답을 가지고 있어.
한 가지 주의해야 할 게 있어. '답'의 의미를 너무 실용적인 의미로 이해할 필요는 없다는 말이야. 만일 실용적인 의미의 '답'이라면 우리는 판타지 소설에서는 답을 찾지 못할 수 있어. '답'은 매우 여러 가지 의미를 갖고 있지. 이건 글의 목적과 연관이 깊어. 다음 나열된 내용을 보라고.

1. 정보 전달

2. 교훈 전달

3. 지식 확충

4. 인식지평 확대

5. 관점 제시

6. 간접 경험 제공

7. 즐거움 선사

8. 공감

9. 노하우 제공

10. 설득

11. 기타 등등

사회과학, 순수과학 서적의 특징은 대개 지식 체계의 전달과 연관이 있어. 단순히 정보만 전달하는 경우도 있지만 하나의 체계 안에서 이 세계를 바라볼 수 있도록 틀을 제공하는 경우가 많지. 즐거움을 선사하는 게 목적인 글도 있고, 인식지평(타인의 생각이나 가치관을 알게 되므로)의 확대가 목적인 경우도 있어. 타인을 설득하기 위해 쓰는 글도 있고, 교훈을 전달하기 위한 것도 글의 목적이지. 글의 목적은 여러 가지이고, 그만큼 다양한 답이 존재해.

답이 다양하다는 말은, 독자가 책을 통해서 얻고 싶어 하는 게 다양하다는 말이야. 그럼, 자네가 쓰려는 책은 어떤 독자의 어떤 니즈에 대한 답일까, 그걸 알아야겠지? 독자는 지금 시간 때우기용 책이 필요한 걸까? 아니면 자신이 제어하지 못하는 분노에 대한 해결책이 필요한 것일까? 독자는 어떤 문제를 해결할 방법을 찾고 있는가? 저자는 독자의 관심사에 대해서 한 번쯤 생각해 봐야 한다고. 내 책이 어떤 답이 될지 말이야.

백종원 씨는 말이야, 셰프가 TV 프로그램을 장악하는 시대에 자신만의 콘셉트를 확실하게 갖고 있는 사람이지. 설탕! 처음 그가 세상에 등장하여 보여준 건 설탕이었어. 설탕이 음식을 구원하리라! 그는 값싼 재료와 편리한 조리법으로 '고급져 보이는 음식'을 만드는 방법을 알려주었다고. 싸면서도 간편하고 심지어 맛 좋은 레시피! 우리는 그를 보면서 눈을 뗄 수 없었잖아? 우리에게 손쉽게 만드는 맛 좋은 레시피에 대한 니즈가 있었다는 말이야. 우리 부모님 세대의 요리법은 너무 손이 많이 가고, 맛을 내기가 너무 힘들어! 그게 우리에게 문제였고, 백 셰프는 그 문제를 멋지게 해결해주었지.

한 가지만 더 언급해 보자고. 시장은 갈수록 다양화한다는 게 일반적인 의견이야. 사람들의 니즈가 세분화된다는 말이지. 요리 프로그램을 보면 정말 종류도 다양하고, 접근법도 다 달라. 책도 그런 경향이 있어. 갈수록 카테고리가 세분화되고 있잖아? 니즈가 다양화되었다는 얘기는 이제는 수십만 부씩 팔리는 베스트셀러를 기대하기 힘들다는 의미야. 예전에는 5만 부, 10만 부 팔려야 베스트셀러 축에 끼였어. 그런데 지금은 1만 부만 팔려도 베스트셀러 순위에 오르지. 예전에는 종류는 적지만 왕창 찍어내던 '소품종다량생산 시대'였다면 이제는 무수히 많은 종류를 조금씩 찍어내는 '다품종소량생산 시대'가 되었어. 10권 가운데 1권이 5만 부를 팔면 나머지 9권은 전멸해도 괜찮다고 여기던 출판사가, 이제는 10권이 고르게 5천 부씩 팔려야 한다고 여기게 된 거야. 책 한 종당 기대 판매부수가 줄어든 동시에 버리는 책이 없어진 거지. 이런 시대에 우리는 '대중적인 니즈'를 말할 수 있을까? 이런 시대의 변화를 감안하면 '보다 많은 사람의 니즈'로 접근할 게 아니라 '해당 니즈를 가진 사람에게 본능적 반응을 이끌어내는 어떤 것'을 통해 다가가야 할 것 같아. 공통적인 것이 아니라 핵심적인 것으로 접근하는 게 더 중요하다는 말이야. 이 문제는 중요하니까 조금 더 생각해 보자고.

| Summary |

① 콘셉트를 잡으려면 질문과 답의 형태로 주제를 잡아보자.

② 답은 실용적인 답이 아니어도 괜찮다.

콘셉트가 좋다는 말은
원초적인 욕망을 건드렸다는 뜻

"더럽다고 생각하지 말아줘."

말이 끝나기 무섭게 개구리 선생이 토하기 시작했다. 주머니 같은 물체가 입에서 툭 튀어나왔다. 선생은 뭉툭한 개구리 손으로 주머니를 쥐어짰다. 불룩한 주머니에서 소화액이 잔뜩 묻은 이상한 물체 하나가 빠져나왔다. 주머니는 다시 입으로 삼켜졌다. 선생은 손수건을 꺼내 입가를 닦으며 손사래를 쳤다.

"자, 다 됐어. 난 아무렇지도 않아. 그저 토했을 뿐이야. 간혹 소화시키지 못하는 이물질을 먹으면 우리 개구리들은 이렇게 토한다고."

그는 손수건을 잘 개서 도로 바지 뒷주머니에 쑤셔 넣었다. 그는 내 눈을 뚫어져라 쳐다보았다.

“수치심을 무릅쓰고 도대체 나는 무엇을 보여 주려고 한 것일 까?”

“글쎄요, 개구리의 생리학?”

“이런 멍텅구리 같으니라고!”

“그럼, 음, 내 것으로 소화시키지 못하는 내용을 원고에 넣어서는 안 된다?”

“개 풀 뜯어먹는 소리!”

“무슨 의도로 토하셨는지 도저히 짐작하지 못하겠습니다.”

개구리 선생이 내 멱살을 잡았다.

“이 바보야! 나는 지금 내 뱃속까지 다 보여준 거잖아! 뭔가 느껴 야 하는 거 아니야? 우린 지금 콘셉트를 말하고 있는 거지?”

“네, 맞습니다.”

“콘셉트는 질문과 답변으로 이루어진다고 말했지?”

“네, 맞습니다.”

“그런데 무조건 질문과 답변으로 되어 있다고 다 좋은 콘셉트는 아닌 거잖아?”

“네, 맞습니다.”

“그럼, 어떤 질문과 답변이 좋으냐는 얘기가 이어지겠지?”

“……”

“자, 다시 보라고. 좋은 질문과 답변은 사람들이 뱃속에 감추고 있는 본능적인 문제들을 건드린단 말이야! 좋은 콘셉트는 타들어 가는 갈증에 호소한다고!”

　아, 너무 당연해 보이는 이 느낌은 뭘까. 이걸 굳이 토까지 하면서 보여주어야 했나? 그러나 개구리 선생은 내 기분 따위 헤아릴 준비가 안 된 모양이었다. 그가 계속 말했다.

　"광고를 배운 사람들은 이게 뭔 말인지 잘 알 거야. 광고에서는 툭하면 성적 이미지를 꺼내들지. 물론 노골적으로 건드리는 경우도 있지만 단지 암시만 주는 경우도 흔하다고. 남자들은 평생 성적 이미지를 활용한 광고에 현혹되기 때문이야. 마음이 움직이고, 시선이 그리로 간다고. 마치 예쁜 꽃을 본 아줌마들처럼 말이야. 물론 성적 이미지만 있는 건 아니지. 광고에서 가장 자주 모델로 등장하는 인물이 아기들이야. 아기는 남자나 여자나 거부감 없이 시선을 사로잡는 효과가 있어. 젊고 아름다운 여자도 시선을 사로잡지. 남자가 등장하는 광고는 여자는 보지만 남자는 보지 않아. 그런테 여자가 나오면 남자도 보고 여자도 본다고. 여자는 다른 여자들이 어떻게 하고 다니는지 눈여겨보는 경향이 있거든. 나는 방송인 이경규 씨가 이런 말을 한 걸 본 적이 있어. 그가 어느 프로그램에서 매운맛에 중독된 사람이 초대 손님으로 나오니까 이렇게 말했어. '먹방 중에서도 매운 음식 먹방이 시청률이 가장 좋아.' 와, 이건 놀라운 통찰이야. 매운 음식이 나오면 시청률이 높아진다는 건 으리나라 사람들의 특성인지 모르지만 그는 경험적으로 이런 걸 알고 있어. 또 그는 애완동물을 등장시키면 시청률이 높아진다는 사실도 알고 있지. 오랫동안 방송에 몸을 담으면서 어떤 소재가 시청률과 연관이 깊은지 파악한 거라고. 이들이 발견한 소재들이 사람의 본능을 자극하는 거란 말이야."

"무슨 말인지 알겠습니다."

개구리 선생이 굳이 토할 필요가 있었는지는 지금도 이해되지 않는다.

"자네가 쓰고 싶은 주제는 뭔가?"

"지금 살아가는 방식이 자기 몸에 맞지 않는 20~30대의 사람들에게 제2의 인생, 즉 자신이 원하는 방식으로 삶을 이끌어가도록 도움을 주는 책을 쓰고 싶습니다."

"좋아, 그렇다면 그 20~30대 사람들의 본능적인 니즈가 무엇인지 생각해 보자고."

"타인이 요구하는, 예컨대 나의 부모가, 이 사회가 내게 바라는 삶이 아니라 내가 살고 싶은 모습으로 살아가는 방법?"

"정말 추상적이고, 모호하군."

"아니, 이게 왜 모호하다는 말인가요?"

"내가 왜 뱃속을 일부러 꺼내서 보여주었다고 생각하는 건가? 심심해서? 난 그렇게 한가한 개구리가 아니라고. 그런 엉터리 답변은 차곡차곡 개서 주머니 속에 쑤셔 두라고. 그들은 이렇게 물을 거야. 내 몸에 맞지 않지만 이 일을 하는 이유는 돈 때문인데, 그렇다면 제2의 인생을 살기 위해서는 어떻게 돈 벌이를 해야 할까?"

"돈. 그렇군요. 돈이 중요하죠."

"아니야! 돈은 그냥 중요한 게 아니고, 완전히 진짜 정말 너무나도 중요한 거라고. 돈이 없어도 사는 데 지장 없다고? 일부 사람들은 그럴 수 있을지 모르지만 대부분의 사람들은 돈에서 절대 자유롭지 못해. 사람들은 '내 몸에 맞는 옷'을 말하기 전에 '돈에서 자유로운 삶'을 꿈꾼단 말이야. 돈의 족쇄에서 벗어날 수 있어야 그 다음에 '내 몸에 맞는 옷'을 입을 수 있다고 여긴다고. 사람들은 말이야, 제2의 인생을 못 살아서 지금처럼 살고 있는 게 아니야. 너가 이 일을 하지 않으면 과연 나는 뭘 먹고 살지? 그런 걱정에 휩싸여 있다는 말이야. 생각이 이런 사람들에게 돈 얘기는 쏙 빼고 다른 이야기를 들려줄 참인가?"

"하지만 돈에서 자유로운 사람들, 예컨대 40대나 50대 정도 되면 어느 정도 경제적 자유를 획득한 사람들도 있지 않겠습니까?"

"그렇지! 이제 접근이 되었군."

개구리 선생이 시선을 먼 곳으로 던지며 말을 이었다.

"만일 20~30대의 사람들이 제2의 인생을 바라고 있다면 그들은 지금 어떤 책에 관심이 많을까? 재테크 책이나 창업 책이 아닐까? 만일 이들을 타깃으로 삼고 있다면 자네 책은 설 자리가 없는 걸지도 몰라. 그렇다고 40~50대 사람들을 타깃으로 하기에는 자네 나이가 너무 젊거나 혹은 경험이 부족할 수 있지."

"독자 대상을 잘못 잡았다는 얘기인가요?"

"그럴 가능성이 크지."

개구리 선생은 남 이야기 하듯 차가운 목소리로 대답했다. 잠시 뒤 그가 나를 쳐다보았다.

"보라고. 그렇게 주눅 들 필요는 없어. 난 지금 독자를 잘못 잡았다고 말하고 싶은 게 아니야."

"그럼?"

"자네가 처한 문제를 돌이켜 보는 거야. 자네는 한 번도 자네가 생각하는 그 독자들이 무슨 생각에 잠겨 있는지 고민해 본 적이 없잖아. 내가 그러니까 사람들도 그럴 것이다, 라고 막연히 여기고 접근한 것밖에 자네가 한 게 뭔가? 그들이 진짜 궁금해 하는 문제가 뭔지는 생각해 봤나?"

묵묵부답. 입이 열 개라도 할 말이 없었다. 정말 나는 지금껏 내 생각이 아니라 독자들이 무슨 생각을 하는지 아니, 심지어 내가 무슨 생각을 하며 살았는지 추적해 본 적이 없었다.

"자, 기죽지 말라고. 이 순간을 즐기라고. 자네는 드디어 더 이상 떨어질 나락이 없는 제로포인트에 선 거야. 한라산은 해발고도 1,947.269m라네. 한라산을 올라간다는 말은 1,947.269m를 올라가야 한다는 말이지 않은가? 그렇다면 자네는 0m에서 출발해야 하지 않겠어? 인천 앞바다의 평균수면이 0m야. 지금 자네가 서 있는 지점이 인천 앞바다의 평균수면 0m 지점이라고. 자네가 맥주병이 아닌 더 이상 내려갈 곳이 없는 거야.

반대로 말해서, 이제 올라갈 일만 남은 거지. 보다 정확히 말하면 모든 책은 여기서 시작해야 해. 과연 나는 사람들이 숨기고 말하지 않은 본질적인 문제에 대해서 인지하고 있고, 그 문제에 대해서 답을 주고 있는가? 철학적이고 인문학적이고 가치 추구적인 어떤 것을 이야기하고 싶다고? 그건 해발고도 1,947.269m에서 부는 바람과 같은 얘기야. 만일 그런 바람 같은 이야기를 하고 싶다면 0m, 즉 형이하학적이고, 본능적인 문제로부터 시작해야 해. 사람들을 데리고 함께 등산을 하려면 그 사람들이 서 있는 0m를 찾아야 한다고."

개구리 선생이 내 어깨에 손을 얹었다. 그러나 키 차이가 너무 나는 바람에 그 모습은 흡사 어린이가 어른에게 매달린 모양처럼 되었다.

"이 관점에서 책이란 걸 바라보면 흥미로운 일이 벌어지지. 본능적인 걸 건드리고 있는 책은 독자들의 반응부터 다르다고. 2차원, 3차원적인 이야기가 아니라 단순명쾌한 1차원적인 이야기를 하게 되면 사람들은 이 책이 자기 이야기라는 사실을 금방 알아차려. 여행 책 이야기를 조금 더 해볼까? '나의 여행', '나의 경험'의 산물인 여행 서적이 서점을 가득 채우고 있는 가운데 조금 특이한 책이 나와. 엄마와 함께 떠나는 여행이야. 우리 마음에 늘 부담으로 남아 있는 게 있지. 그게 '불쌍한 엄마의 삶'이야. 2박 3일 떠나는 효도관광이 아니라 엄마하고 함께 떠나는 장기 배낭여행이야. 늙은 엄마, 평생을 남편과 자식 뒷바라지하느라 고생한 엄마와 함께 떠나는 이야기야. 그런데 이런 얘기를 즐겁게 풀어가. '고생한 엄마, 이제 인생을 즐기세요.'가 아니라 한 번도 배낭여행을 가본 적이 없는 엄마가 정말 신이 나서 다니는 이야기를 푼다고. 이건 어떻게 보면 '나와 엄마의 여행'이라기보다는 '엄마의 여행'을 쓴 책에 가까운 것 같아. 어때? 단순명쾌하지? '나를 찾아 떠나는 여행'은 왕년의 여행책을 주름잡던 콘셉트였어. 그런데 이거 너무 모호하지 않아? 말은 근사하지만 '나를 찾는다'니? 그게 무슨 말이지? 그런데 엄마의 여행으로 바꾸니까 모호한 안개가 걷히고, 모든 게 손에 잡힐 듯 명확해져. 어떤 여성 여행자는 외국 여행에서 만난 남자와 잠자리를 나눈 경험을 소재로 풀어내지. 가진 돈 다 털어서 가족과 함께 외국으로 자동차 여행을 떠나는 사람도 있어. 말 그대로 '헬조선 탈출'이야! 소재만 들으면 그냥 쉽게 다가오는 거야. 너무 먼 이야기를 하지 않아. 예전에 신학 중심의 사회였을 때나 먼 얘기가 통했지, 지금은 인문학 중심의 시대야. '나의 본능적이고 1차원적인 관심사'로부터 시작되는 이야기가 너무 좋은 거야. 이 원칙을 어기면 엉뚱한 접근법을 갖게 된다고.

사회과학 분야에서도 잘 나가는 책들은 이처럼 명확한 콘셉트를 갖고 있어. 어려운 이야기 전혀 없어. 불평등 문제 이야기하고, 우리가 속고 있는 정치, 경제, 사회 이야기를 풀고 있어. 불평등만큼 요즘 핫한 사회서적 이슈도 없잖아? 이건 신문기사 한 줄만 읽어도 누구나 분노를 느끼는 문제고. 형이하학적인 이슈, 본능적인 문제는 이처럼 들으면 그냥 느낌이 오는 것들이야. 마치 찬 물 한 잔 들이켜는 것처럼 마셔보면 차가운지 아닌지 직관적으로 알 수 있다고. 콘셉트는 이래야 해. 피부에 와 닿듯이 가깝게 느껴져야 한다고. 독자를 생각하게 만들면 안 돼. 그냥 느끼게 만들어야 하지."

"생각하게 만들면 안 된다…… 좀 충격적인 말이군요."

"그럴 거야. 하지만 그게 진실이야. 사람들은 생각을 싫어하지. 미안한 이야기지만 예전에 〈생각하지 않는 사람들〉이라는 책이 나온 적이 있지. 인터넷 도구들이 사람들을 멍청하게 만든다는 얘기야. 나는 이게 예전에도 나왔던 논의라고 생각해. TV가 처음 나왔을 때 이걸 바보상자라고 부른 적이 있거든. 지금도 그래. 생각하면서 TV 보는 사람이 몇이나 되겠어. 생각하면서 스마트폰 조작하는 사람이 몇이나 될까? 사람은 생각을 싫어해. 이 말이 충격적이라면 자네가 책을 접했을 때를 떠올려 보라고. 과연 자네는 책 제목을 볼 때 '생각'이란 걸 했나? 아니면 책 제목과 표지가 주는 그 느낌에 자네 자신을 그대로 맡겼는가? 아마 자네는 잠깐 보고 지나가는 광고 문구처럼 책 표지를 보았을 거라고. 그런데 그게 자네 마음을 움직였지? 자네는 그렇게 반응해 놓고 독자는 그렇지 않을 거라고? 왜 둘이 다르다고 생각하지? 자네는 스스로를 속이고 있는 거야(책을 쓴다고 생각하니까 책이 갑자기 고상해져 보인 것일 수 있다고). 자네 역시 본능적으로 반응했으면서 독자에게는 왜 생각을 강요하느냐고?"

개구리 선생은 나를 뚫어져라 쳐다보았다. 내가 대답이 없자 고개를 끄덕였다.

"할 말이 없을 거라고 짐작했지. 한 번도 생각해 본 적이 없으니까. 그렇다니까. 사람은 생각을 별로 좋아하지 않아. 그러니까 개구리한테 배우는 거지. 하지만 자네를 비난하고 싶은 생각은 없어. 단지 뼈저리게 이 문제를 느껴야 하기 때문에 다소 거칠게 말한 것뿐이야. 자, 빨리 진도를 빼보자고. 그렇다면 어떻게 콘셉트를 잡아야 할까?"

개구리 선생의 특강
: 콘셉트 잡는 방법

"어린이에게 꿈과 희망을 안겨주는 뮤지컬"

지금도 이런 말을 쓰는 곳이 있는지는 모르겠지만, 어디선가 자주 접했던 문구임에는 틀림이 없어. 자, 이 문안은 과연 다음의 어떤 뮤지컬과 어울릴지 생각해 보자고.

1. 톰 소여의 모험
2. 피터 팬
3. 이상한 나라의 앨리스

조금 헷갈린다고? 아무거나 떠오르는 대로 답해 봐. 굳이 고르면 1번이라고? 좋아. 지난번에 이 별장을 찾았던 한 친구는 2번을 꼽더라고. 3번을 고른 사람도 있었지. 잘 보면 1, 2, 3번 어떤 뮤지컬이 오더라도 어울리지 않는 건 아니야. 사실 다 어울리지. 어디에 써도 문제는 전혀 없는 거야. 이 문구를 통해 우리는 이 뮤지컬이 어린이를 위한 것임을 알 수 있지. 그런데 이 뮤지컬의 티켓을 끊어 주는 건 부모야. 뮤지컬 홍보 담당자는 부모의 마음을 끌기 위해 이런 카피를 만든 것이라고. 달리 말해 이 문구는 부모의 욕망을 건드리기 위해 만들어진 것이야.

부모는 〈톰 소여의 모험〉이 어떤 내용인지 관심이 없어. 어쩌면 어렸을 때 만화로 잠깐 보았던 기억이 있을지도 모르지. 책을 본 사람도 있을지 몰라. 그러나 상관없어. 부모는 그런 것으로 뮤지컬을 보여줄지 말지 결정하지 않거든. 일단 아이가 보기에 적합해야 하고, 아이가 보았을 때 유익한 게 있어야 해. 그리고 재미가 있어야겠지. 아이에게는 어쩌면 재미가 전부일 수 있어. 유익한 게 뭔지 아이들은 관심이 없거든. 그러나 부모는? 그래, 아이들이 보고 배울 게 있어야 한다고 생각하지. 그래서 '꿈과 희망을 안겨준다'는 문구에 잠시 마음이 흔들리는 거야. 그 문구가 통속적이고, 유행에 뒤처졌다는 건 둘째 치고.

자, 이 콘셉트는 이 뮤지컬이 어떤 문제에 대해 관심이 있으며, 어떤 해결책을 갖고 있는지 보여주고 있어. 자녀에게 꿈과 희망을 갖게 하고 싶은가요? 그렇다면 이 뮤지컬을 보여주세요. 뭐, 이런 식이지.

아마 자네는 자기계발 분야에 대해서 관심이 많은 것 같아. 그곳에서 만난 가장 흔한 제목이 뭐였지? 인생역전? 삶이 바뀌는? 그래, 맞아. '지금의 내가 싫고, 더 나은 내가 될 수 있다'고 말하는 제목들이 참 많아. 이런 제목을 쓰는 이유가 뭘까? 맞아, 자기계발 도서를 찾는 독자들의 욕망을 건드리기 위해서 굳이 쓴 거지. 독서가 인생을 바꾼다, 책 쓰기가 인생을 바꾼다, 그런 제목도 많이 보았을 거야. 실제로 그런 단어가 아니어도 그런 느낌을 항상 담으려고 하지. 〈리딩으로 리드하라〉라는 제목을 봐. '삶이 바뀐다'는 단어를 똑같이 쓰고 있지는 않지만 그런 의미를 내포하고 있지. 의외로 많은 제목이 이런 식이야.

그래, 여기에 답이 있다고. 노골적으로 '인생이 바뀐다'라고 쓰는 것보다 조금 더 자기 책의 내용에 맞게 제목을 바꾸는 거야.

어떤 사람이 이런 말을 한 적이 있어. "부자들은 말입니다, 법률 지식이 상당해요."

나는 그 말을 듣고 무릎을 쳤지. 지금까지 몇몇 사람들을 통해 들은 '부자의 공통점'이 있어. 그들은 말이야, 장지갑이 부자를 만든다고 말하거든. 보통의 지갑은 접을 수 있지. 그러면 그 안에 담긴 지폐도 반으로 접혀. 그런데 부자들은 '돈을 진짜 아긴 나머지' 지폐가 접히지 않는 장지갑을 갖고 다닌다는 말이야. 그래서 장지갑을 갖고 다니면 부자가 된다고 말하는 거지. 물론 여기에는 논리적인 비약도 분명 있기는 하지만 이런 식의 논리는 일본 책에서 종종 보는 거야. 일본 책은 핵심 주장을 단순한 방법으로 바꾸어서 보여주려고 하는 경우가 많거든. 물론 저자가 바보라서 그런 거라기보다는 '보다 쉬운 방법'을 찾는 독자들 때문에 그런 억지 논리를 갖춘 거라고 보이기는 해. 이보다는 보도 셰퍼의 〈돈〉에 나오는 이야기, 즉 '돈을 벌고 싶다면 돈에 대한 죄책감을 버려야 한다'는 말이 더욱 설득력이 있어 보이지. '남의 돈을 몰래 꿀꺽하는 건 나쁜 짓이다'라고 생각하는 사람은 절대 눈 먼 돈에 손을 대지 않지. 반면 그런 죄책감이 없는 사람은 그냥 아무 생각 없이 돈을 쥔다고.

어쨌든 말이야, '돈을 버는 사람은 법률 지식이 다르다'는 얘기는 뭔가 정곡을 쿡 찌른 것 같았어. 실제로 어느 변호사가 하는 말을 들어보니까 경매를 통해 부자가 된 사람들은 '경매 관련 법률 지식', 그 변호사의 말을 빌리면 '돈이 되는 법률 지식'을 잘 안다고 하더라고. '돈이 되는 법률 지식'도 참 괜찮은 표현이지? 제목으로 써도 좋을 것 같거든.

자, 우리가 이런 주제를 갖고 있다면 이를 독자들의 니즈에 적합한 형태로 바꾸어 볼 필요가 있을 거야.

"법률을 알면 인생이 바뀐다"

인생역전이라는 콘셉트를 그대로 가져온 경우지. 그런데 아직 모호해 보여. 다음은 어때?

"법률을 알면 부자가 된다"

뭔가, 조금 가까워진 것 같아. 여기서 한 걸음 더 나아가 보자고.

"법률을 알면 경매 부자가 된다"

어때? 책의 주제도 드러나고 독자의 니즈도 건드릴 수 있는 형태가 되지 않았어? 경매를 하거나 법률을 공부하는 건 그 목적이 모두 '부자'에 있기 때문에 '부자'라는 단어를 가져온 거야. 이렇게 하면 콘셉트 정리가 끝난다고. 조금 더 구체적으로 담으려면 '100억 경매 부자를 만드는 필수 법률 지식'과 같은 표현을 삽입하면 더 좋지.

제목을 정하는 일은 이 지점에서 시작돼. 예컨대 다음과 같이 바꾸는 방법도 가능해 보이지.

"경매 부자를 만드는 10가지 법률 노하우"

여기서부터는 출판사나 저자의 성향이 영향을 미치지. 어떤 출판사는 명사로 연결된 제목을 선호하지(《정리의 마법》, 《엄마의 글공부》 따위). 어떤 출판사는 문장으로 된 제목을 좋아해(《아프니까 청춘이다》 따위). 숫자를 넣어야 안심하는 출판사도 있고(《하루 10분 엄마습관》 따위), 제목만 가지고 안 되니까 부제목이나 카피까지 넣어서 보충하려는 곳도 있어. 각자 좋아하는 단어, 제목 형태가 다르니까 그건 출판사와 협의를 해야 하는 거야. 참고로, 제목에 숫자를 넣으면 신뢰감을 높여주는 효과가 있다는 건 알아두면 도움이 된다고. 사람들은 숫자를 '구체적인 노하우', '효과적인 방법'으로 받아들이는 경향이 있거든.

자, 어때? 이렇게 접근해 보면 자네도 콘셉트를 잡을 수 있지 않겠어?

| Summary |

① 나의 책 주제가 독자에게 어떤 변화를 가져오는지 문장으로 표현한다(ex. "글쓰기가 인생을 바꾼다").

② 변화의 내용을 구체적으로 가다듬는다(ex. "인생을 바꾼다"를 "부자로 만든다").

③ 2번까지의 내용을 '단어 나열형(ex. "돈이 되는 글쓰기")'이나 '문장형(ex. "글쓰기가 부자를 만든다")', '숫자 포함형(ex. "하루 1시간 글쓰기가 부자를 만든다")'으로 바꾸어본다.

온라인 서점
카테고리를 분석하라

개구리 선생은 특강을 마친 뒤 잠시 화장실에 다녀오겠다며 자리를 떴다. 아마 피부가 건조해서 욕조에 몸을 담가야 했으리라.

방에 홀로 남아 그의 말을 복기해 보았다. '콘셉트에는 독자의 니즈를 건드릴 수 있는 표현이 담겨야 한다'는 말은 이해가 어렵지 않았지만 과연 내 책에 어떻게 적용해야 하는지 여전히 막막한 안개 속이었다. 어떻게 해야 할까? 마침 개구리 선생이 허리춤을 끌어올리며 방으로 들어섰다. 고개를 푹 숙였다.

"선생님, 말씀은 알겠는데 자신이 없습니다. 어떻게 해야 할까요?"

개구리 선생이 내 어깨를 두드렸다.

"밥을 떠먹여 주어야 할 판이군. 다른 방법을 찾아보자고. 더 쉽게 하는 방법이 있을 거야."

그는 스크린에 빔프로젝트를 쏘았다.

"익숙한 화면이지?"

그건 온라인서점의 메인화면이었다.

"온라인서점에 들어가면 대부분의 사람들은 검색창에 책 제목을 입력하여 책을 찾곤 해. 가장 주목도가 높은 곳이지. 그래서 검색창 광고가 인기를 끌지. 어쨌든 잘 살펴보면 카테고리가 있다는 것을 알게 될 거야."

개구리 선생은 마우스를 클릭하여 카테고리를 열었다. 문학, 인문, 자기계발, 경제경영, 사회과학, 자연과학, 학습지 등의 분류가 펼쳐졌다.

"듀이의 십진분류법에 토대를 두고 만들어진 카테고리지. 이 분류법이 처음 개발된 건 1876년도야. 그때부터 계속 수정, 보완되면서 지금의 듀이십진분류표에 이르고 있다고. 도서관에 가면 이 분류 방식을 보았을 거야. 총류부터 시작해서 철학, 심리학, 종교, 사회과학, 언어, 과학, 기술, 예술, 문학, 역사 등 책을 일목요연하게 나눠서 보여주지. 그런데 서점의 카테고리는 비슷하면서도 다른 점이 있어. 심지어 서점마다 분류 방식이 다르기도 하고. 시작은 듀이의 방법을 따랐지만 지금은 왜 달라졌을까?"

"각 서점마다 분류하는 방식을 따로 개발했기 때문이겠지요?"

"그렇다면 그 이유가 뭘까? 그냥 써도 책을 종류별로 묶는 데 별 문제가 없을 텐데."

“……”

“서점은 말이야, 책과 독자가 만나는 최전선이지. 독자의 니즈를 직접 읽을 수 있는 곳이거든. 그들은 독자의 니즈가 변하고 있다는 점, 그 니즈가 강물처럼 어떤 흐름을 만들고 있다는 점을 주의 깊게 보고 있다가 이에 맞게 새로운 카테고리를 만드는 거야.”

“아.”

“가장 좋은 예가 바로 ‘자기계발’이지. 듀이 십진분류표를 아무리 찾아봐도 ‘자기계발’이라는 카테고리가 없어. 그런데 모든 서점의 카테고리에는 당당하게 ‘자기계발’이라는 대분류가 있다고.”

“네, 그렇군요.”

“사람들이 많이 찾는 책을 가만히 지켜보다가 자기계발이라는 카테고리를 만든 거라고. 서점은 판매량을 집계할 수 있으니까 어떤 종류의 책이 잘 팔리는지 잘 알지. 그랬더니 몇몇 잘 팔리는 책이 성격이 유사해. 옳다구나, 하나의 주제로 묶게 되지. 그걸 카테고리로 삼는단 말이야. 특히 이런 경향은 하위 카테고리로 내려가면 명확히 알 수 있지. ‘건강 취미’라는 분야로 들어가서 보면 ‘반려동물’, ‘컬러링북’이라는 하위 카테고리가 보여. 이 분야의 책들은 예전에는 따로 분류가 없었어. 그런데 사회가 변하면서 새로 생겨난 항목들이야.”

개구리 선생의 말대로 서점의 카테고리는 시대 변화를 반영하고 있었다.

“자, 이걸 우리가 활용하는 거야. 독자가 어떤 주제에 대해서 니즈를 갖고 있는지 우리는 이런 식으로 알 수 있다고. 콘셉트를 못 잡겠다고? 그렇다면 자네가 쓰려는 책이 어느 카테고리에 속하는 지 찾아보는 데서 출발하라고. 지금 당장 예스24나 알라딘에 접속 해서 카테고리를 보라고. 카테고리는 나뉘어 있는 가장 세부적인 항목까지 나아가야 해. 예컨대 〈나는 죽을 때까지 재미있게 살고 싶 다〉라는 책은 어떤 카테고리에 속해 있지?"

예스24를 찾아보니, 이 책은 다음과 같이 두 가지 분류에 속해 있 었다.

1. 문학 > 에세이 > 한국에세이
2. 문학 > 에세이 > 나이듦에 대하여

1번은 전통적인 분류방식이었고, 2번은 새로 추가된 카테고리였 다. '나이듦에 대하여'는 백세 시대의 가치관 변화를 반영하는 분류 였다.

"그렇지, 이 책처럼 두 가지 하위분류에 동시에 속하는 경우도 많 아. 출판사에서는 기왕이면 2~3군데 하위분류에 겹치게 들어갈 수 있도록 등록하는 경우가 많지. 한편으로 최근의 책 중에는 서로 다 른 카테고리에 속해도 전혀 이상하지 않을 만큼 양쪽 특징을 모두 갖고 있는 경우도 많다고. 예컨대 어떤 책은 심리학에도 속하고 자 기계발에도 속한단 말이야. 한편 알라딘에는 '나이듦에 대하여'라 는 카테고리가 없기 때문에 그냥 '한국에세이'에 속해 있어."

　실제로 알라딘에는 예스24의 1번과 같은 카테고리만 표기되어 있었다.

　"이걸 해석하는 방식이 여러 가지겠지만, 예스24는 이 분야에 책들이 많이 쏟아지니까 서둘러 카테고리를 만들었겠지. 그런데 알라딘이 보기에는 이 분야의 책들이 아직은 판매가 좋지 않다고 보니까 카테고리를 만드는 데 부담을 느낀 것인지도 몰라. 실제로 예스24의 '나이듦에 대하여' 카테고리에 속하는 책들을 보면 〈나는 죽을 때까지 재미있게 살고 싶다〉를 제외하고는 잘 팔리는 책이 별로 보이지 않기도 해."

　"그렇군요. 흥미로운 얘기입니다."

　"중요한 건, 카테고리는 시대의 변화, 즉 독자의 니즈를 반영하고 있다는 사실이야. 이와 같이 큰 흐름을 확인한 뒤 해당 카테고리에 속하는 개별적인 책들이 어떤 콘셉트를 갖고 있는지 살펴보면서 이 분야의 책을 찾는 독자의 니즈를 역으로 추적하는 방법이 가능하다고. 이해돼?"

　"이건 마치 1층에서 배웠던 모방 전략 같습니다. 서점의 방식을 따라 하는 것이니까요."

　개구리 선생이 핏대를 세웠다.

　"아니야, 이건 1층의 그 멍청이는 모르는 방법이라고! 이건 내가 처음 찾아낸 방법이야!"

　개구리 선생이 작은 목소리로 이렇게 덧붙였다.

　"물론 개구리 중에서 제일 먼저 찾아낸 것이지만."

| **Summary** |

① 콘셉트를 잡는 데 도움이 되는 방법이 있다. 서점의 카테고리를 통해 내 책이 어디에 속할 수 있는지 확인해 보는 방법이다.

② 하위 카테고리까지 확인한 뒤, 이 카테고리에 속하는 다른 책들이 어떤 콘셉트를 갖고 있는지 확인하면 최근 유행하는 콘셉트를 알 수 있다.

콘셉트 잡는 데
도움이 되는 방법들

개구리 선생은 흡족한 표정으로 나를 바라보고 있었다. 많이 먹어 배부른 표정이었다. 자기 이야기에 도취된 것이리라.

"선생님, 그렇다면 베스트셀러부터 살펴보는 방법이 좋지 않을까요? 베스트셀러란 게 사람들의 가장 큰 관심사와 니즈를 담고 있잖아요?"

"오, 그렇지! 이제 뭔가 대화가 되는군."

그가 신이 난 얼굴로 펄쩍 뛰었다.

"정해진 답이 있는 건 아니지만 콘셉트를 찾기 위해 몇 가지 우리가 생각해 볼 방법이 있어. 잘 들어보라고."

① 베스트셀러 탐색하기

먼저 베스트셀러를 살펴보는 방법도 좋아. 다만 '전체 베스트'가 아니라 '분야 베스트'가 더 적합하지. 우리는 '서점'이나 '출판사', '책', '독자'라는 단어를 쓰기 때문에 시장을 '단일 시장'으로 여기는 경향이 있어. 그런데 이 시장에는 삼성전자도 있고, 동네 공장도 있다고. 이곳에는 대형마트처럼 고기를 팔기도 하고, 치약을 팔기도 해. 품목이 다 다르단 말이야. 그런데 굳이 왜 전체 베스트셀러 순위를 봐야 한단 말인가? 나는 치약을 필요로 하는 사람에게만 관심을 가지면 된다고. 이제부터는 자네가 관심을 갖고 있는 분야의 베스트셀러만 보라고. 그거면 충분하니까. 가능하다면 베스트셀러 순위를 제공하는 가장 하위 분류까지 내려가서 어떤 책들이 순위에 있는지 확인하면 좋아.

순위를 확인할 때는 각 서점의 판매 포인트도 살피는 게 좋아. 예스24 기준으로 3천 포인트 미만은 사실 포인트라고 하기는 힘들어. 그래도 3천 포인트는 넘어야 어느 정도 판매가 이루어지는 책이라고 볼 수 있거든(물론 이 말이 늘 옳은 건 아니야.). 예컨대 10위 안에 속해 있어도 포인트가 3천 미만이라면 그건 참고할 가치가 없어. 그때는 이렇게 생각하면 돼.

'아니, 10위권에 속하는 책이 이 정도밖에 팔지 못한다는 말은, 이 시장이 그만큼 작다는 얘기잖아?'

만일 그렇다면 자네가 쓸 책의 분야를 바꾸는 방법도 고민해야 돼. 심리학 책이 자기계발 책이 될 수도 있다고 말했던 것 기억해? 물론 모든 책이 쉽게 분야를 옮길 수 있는 건 아니지만 만일 다른 분야에 놓일 수 있다면, 또한 그 분야가 책을 더 잘 판다면 당연히 이동해야지.

그리고 분야를 잡을 때는 가장 하위분류까지 잡아보도록 해. 단순히 〈경제경영〉이 아니라 이건 '리더십 분야의 책이다, 조직 관련 서적이다, CEO의 성공 노하우다'와 같이 주제를 디테일하게 파고 들어가면 좋다고.

그리고 해당 분야의 관련 책들을 살펴보는 거야. 물론 아무 책이나 보는 게 아니라 시장의 반응을 이끌어낸 책들을 보라고. 그 책을 보면서 자네가 할 일은 과연 이 분야의 독자들은 무엇에 반응하는 것일까? 스스로 찾아봐야 해. 억지로 눈 뜨고 찾으려고 해서는 곤란해. 독자 입장에서 책을 보다 보면 '이거 좋은데!' 하고 감응하는 지점이 있을 거야. 자네가 느끼는 반응에 주목해. 자네가 가진 니즈가 독자의 니즈인 경우가 많으니까(자네가 못 느낀다면 원고 쓰기도 힘들어질 거야. 그래서 출발점은 철저히 자네의 느낌이 되어야 한다고.).

② 작가적 열망을 불타오르게 만든 그 책, 탐색하기

이렇게 카테고리로 접근하는 방법은 '위에서 아래로 내려가는 방법'이야. 반대로 아래에서 위로 올라가는 방법도 있지. 이게 오히려 자네가 자주 활용했던 방법일지 몰라. 자네는 분명 어떤 책을 본 뒤에 '나도 이런 책을 쓰고 싶다'고 느낀 적이 있을 거야. 그 책을 출발점으로 삼는 거야. 그 책에는 자네가 쓰고 싶은 글의 토대가 될 만한 독자의 니즈나 인사이트가 있을 거야. 그걸 모방하는 거야. 아니, 이건 베끼라는 말이 아니라고! 오해하지 마. 문장이나 제목을 그대로 가져와서 쓰라고 말하는 게 아니란 말이야.

그렇지, 그 책을 분석해서 이 책의 독자들이 갖고 있는 기대감이나 신념 혹은 좋아하는 게 무엇인지 찾아보라는 말이야. 아마도 자네가 좋아했던 책이니까 자네는 느낌을 알 거야. 만일 느낌은 가졌는데 말로 표현하기 어려우면 다시 읽어보라고. 자네는 그걸 말로 할 수 있어야 해. 아, 이런 게 좋았던 거구나. 문장이 좋았다, 해결책이 마음에 들었다, 저자의 따뜻한 마음씨가 좋았다, 인용한 사례들이 너무 재미있었다! 뭐든 좋지만 막연히 '좋았다'라고 해서는 안 돼!

○○○이 좋았다!

이 문장에서 동그라미를 채워보라고. 이걸 못 찾으면 다음이 없다는 생각으로 찾아야 해.

만일 여기까지 왔다면 이제 그 책에 달린 독자서평으로 들어가. 독자들은 이 책에 대해서 어떻게 반응하고 있을까? 아마 독자서평을 별로 읽은 적이 없다면 한 가지 주의할 게 있어. 서평을 액면가 그대로 받아들이면 곤란하다는 점이야. 잘 알고 있겠지만 많은 사람들이 물건을 구입하기 전에 타인의 평가를 살펴보고는 해. 단 한 개의 평가만 보고 구매를 결정하는 경우는 없어. 여러 가지를 비교하면서 공통적으로 사람들이 말하는 얘기를 추리잖아? 그러다 보면 구매 기준이 생기게 되고. 마찬가지야. 특히나 출판사는 서평이벤트를 통해 우호적인 내용이 적히도록 유도한다고. 공짜로 책 선물을 받고 나쁜 이야기를 쓰는 사람은 많지 않아. 그런 입에 발린 말을 걸러내기 위해서는 여러 차례 되풀이해서 볼 필요가 있어. 구분이 잘 안 된다면 다른 책의 서평도 되풀이해서 보면 도움이 돼.

어쨌든 독자서평을 통해서 사람들이 정확히 표현하지는 못하지만 공통적으로 느끼고 있는 장점을 찾아내는 거야(독자들이 모두 자신의 느낌을 잘 표현하리라고 믿어선 곤란해.). 아마 자네와 독자 일반이 공통점이 많다면 찾아낸 답변은 비슷한 것일 수 있어. 그게 공략 포인트야. 만일 그 책만으로 부족하면 같은 주제를 다룬 다른 책도 읽어보라고. 특정 주제에 대한 일반적인 니즈를 찾는 데 그만이니까.

베스트셀러부터 시작하는 방법과 달리, 이 방법은 아래에서 위로 올라가는 방법이지. 양쪽을 다 써보면서 접근하는 것도 좋아. 서로의 단점을 보완해줄 테니까.

공통적인 니즈를 찾았다고 콘셉트 탐색이 끝난 건 아니야. 그건 단지 출발점일 뿐이야. 왜냐하면 그 문제에 대해서 기성 도서가 이미 답을 제시하고 있잖아? 나는 어떤 답을 줄 수 있을까 살펴야 해. 나아가 자네의 방법, 자네의 해결책이 왜 더 좋은지 말할 수 있어야 해.

③ 주변의 출판 관계자 활용하기

이런 방법들이 어렵다고 느껴지면 편집자나 출판마케터, 영업자, 서점 엠디(MD)와 커뮤니케이션 하는 방법을 생각해 볼 수 있어. 주변에 출판사나 서점에 다니는 사람 없나? 만일 있다면 만나서 물어보라고. 이 콘셉트가 괜찮은지 말이야. 이들은 어떤 콘셉트가 먹힐지 아닐지 잘 판단해줄 거야(물론 100%는 아니지만). 출판 전문가가 아닌 주변 지인들에게 묻는 건 조금 위험할 수 있어. 자네가 의견을 묻는 그 사람과 자네의 관계 역시 변수가 되지. 어쨌든 그는 전문가도 아니고, 자네에 대해서 객관적으로 말할 위치도 아닐 수 있거든.

④ 출판사의 출간 목록 살피기

한 가지 더 알려줄 방법이 있어. 이건 조금 다른 접근법이야. 출판사의 목록을 살펴보는 거지. 베스트셀러를 잘 만드는 출판사들이 있지. 아마 자네가 즐겨 읽었던 책들도 유명 출판사의 책일 가능성이 높아. 그들이 최근에 어떤 책을 출간했는지 살펴보는 거야. 예스24나 알라딘에 접속해서 출판사 이름을 검색해. 주의할 점은 출판사 이름으로 검색한다고 그 출판사의 책만 뜨는 게 아니라는 점이야. 검색 목록에 보면 책 제목과 출판사 이름이 있을 거야. 다시 한 번 출판사 이름을 눌러주라고. 그러면 이번에는 해당 출판사의 목록만 뜨게 돼. 보통은 인기 순으로 검색 결과가 정렬되지. 그래서 다시 출간 일시 순으로 정렬 방식을 바꿔 줘. 그러면 이 출판사에서 출시한 가장 따끈한 책부터 볼 수 있어. 자, 살펴보라고. 해당 출판사는 과연 매출이 좋았던 그 책 다음에 어떤 유사한 책을 출간했는지 살펴보는 거야. 1층의 그 엉터리가 말했듯이 출판사는 한 권의 책이 잘 나가면 해당 분야의 책, 유사한 책을 계속 내려고 하거든. 그 중에는 자네가 쓰려고 하는 책의 다음을 보여주는 책이 있을지 몰라. 그런 책들을 추적해 들어가면서 '출판사가 생각하고 있는 이 분야 독자들의 니즈'를 탐색해 보는 거야. 그게 콘셉트가 될 거야.

⑤ 독자들이 구입한 도서 추적하기

또 한 가지 방법은 자네가 쓰려는 책과 유사한 그 책을 검색한 뒤, 이 책의 독자들이 구입한 다른 책을 살펴보는 거야. 해당 책의 소개 화면 아래쪽으로 내려가면 이 책을 구입한 독자들이 또 어떤 책을 구입했는지 구입 목록이 뜬다고. 그 가운데 유사한 책을 보면서 독자의 마음에 조금씩 가까워지면 좋지.

"어쩐지 제가 출판 전문가가 되어야 할 것 같아요."

"물론이지. 생각해 보라고, 저자 없이 출판이 가능할까?"

"불가능하지요."

"맞아, 저자가 없으면 출판도 없어. 출판은 저자로부터 시작된다고. 그렇다면 당연히 저자 역시 출판 전문가가 되어야 하지 않겠어? 다만 지금까지는 일부 관심 있는 저자만 출판의 흐름에 대해서 공부했지만 이제는 조금이라도 더 출판에 대해서 많이 알고 접근해야 한다고. 지금은 저자 양산의 시대라서 경쟁이 치열하거든."

"그렇군요."

"내가 이야기하고 싶은 건 이런 것이야. 저자라면 그 책의 본질을 찾아야 한다는 것. 주식책의 본질은 뭘까? 당연한 이야기지만 투자 수익을 높은 방법일 거야. 그런데 그것만이 본질의 전부는 아니야. 어떤 사람들은 어려운 주식 이야기를 쉽게 배우고 싶어 해. 경매를 통해 부자가 된 사람들이 있는데 그들이 하는 말은 중간에서 번역 해주지 않으면 일반인이 알아듣기 힘든 말이 많아. 변호사가 하는 이야기가 쉽게 이해되겠어? 사람들은 책이라면 쉽게 잘 설명해줄 거야, 하는 믿음으로 책을 찾는 경우도 많다고. 이게 책에 기대하는 사람들의 니즈인 경우가 있지. 특히 어렵다고 여기는 분야에서는 더 그래. 자네의 책이 어떤 문제에 대한 해결책이어야 한다는 말의 의미를 다시 새겨보라고. 문제를 어떻게 설정하느냐에 따라 접근법은 달라지니까. 사람들은 독서를 매우 어렵게 여기는 경향이 있다는 것도 한 가지 힌트가 되지."

"그렇군요. 자기계발 서적을 통해 제가 얻고 싶었던 게 자기계발의 방법만이 아니라 내 마음에 울림을 줄 수 있는 효과적인 자극법이었던 것처럼 말이죠."

"그렇지. 사실, 방법이 없어서 사람들이 이렇게 살고 있는 건가? 찾아보면 방법은 거의 모두 오픈되어 있다는 게 맞는 말일 거야. 그러나 마음에 동기를 부여해주고, 자극을 주는 책은 많지 않지. 그것만 잘해도 책은 책으로서 충분히 값어치가 있다는 얘기야. 연말이 되면 사람들은 서점을 찾아. 크리스마스 때 교보문고 가본 적 있나?"

"발 디딜 틈이 없지요. 그때는 시간 나면 교보에 갔는데 그날은 인파 보고 그냥 발길을 돌렸으니까요."

"맞아. 올챙이 떼처럼 바글바글하지. 연말연시는 사람들에게 새로운 해를 준비하는 시기라고. 새해에는 뭔가 달라진 사람이 되고 싶다는 게 그들의 니즈야. 그들은 내 마음을 뜨겁게 달아오르게 만들어줄 책을 찾는다고. 아마도 그 무렵이 자기계발 서적이 가장 많이 팔리는 때가 아닐까 싶어."

"저도 연말연시에는 조금 다르게 책을 보게 되더라고요. 예전에 영어 공부 못했던 것도 생각나서 영어 책이나 사서 볼까 하는 생각도 했었습니다."

"그래, 니즈란 건 이처럼 평소 생각하기 힘든 데서 찾을 때도 있어. 그걸 노리고 책을 만들기도 하지. 그런 포인트를 발견해 가는 게 중요해. 그게 자네 책의 콘셉트가 되는 거야."

개구리 선생이 손수건을 꺼냈다. 손수건은 축축이 젖어 있었다.

"휴, 뭍에 오래 있으면 피부가 마른다고."

잠시 그가 개구리였다는 사실을 잊고 있었다.

"실용적인 용도를 위해 만들어진 책이란 존재하지 않아. 쇼펜하우어가 〈의지와 표상으로서의 세계〉라는 책을 쓰고 서문에 이런 말을 남겼지. 이 책은, 책이 두꺼워서 베개로 써도 된다고. 하지만 책보다 더 좋은 베개가 있는데 누가 이 딱딱한 걸 베개로 쓰겠는가. 책은 모두 욕망이나 필요, 의지, 인식작용 등 마음과 관련된 용도밖에 없어. 인테리어나 그림 그리는 방법, 사진 찍는 법, SNS 도구 활용법 등 구체적이고 실용적이라고 말하는 책조차도 사람들의 욕망을 담고 있지. 책은 욕망이 없으면 존재할 수 없어. 먼저 그 욕망을 찾고, 다음 그 욕망을 만족시켜줄 방법을 찾으라고. 이제 2층에서 배워야 할 건 없어. 잘 가라고."

악수를 나누었다. 그의 피부는 촉촉하고 매끄러웠다. 그가 웃으며 말했다.

"참, 콘셉트를 정했다는 말이 무슨 뜻인지 알겠나? 그건 저자가 할 이야기를 정했다는 말이고, 동시에 이 이야기를 누구에게 들려주어야 할지 결정했다는 말이야. 대나무 숲에 들어가서 '임금님 귀는 당나귀 귀' 하고 외치면 무슨 소용인가? 자네의 이야기를 들어줄 사람들을 먼저 찾아보게. 건투를 비네. 개골."

개구리 선생이 책상으로 껑충 뛰어 올랐다. 그는 고개도 돌리지 않고 마치 굳은 화석처럼 가만히 앉아 있었다.

| Summary |

① 책의 대표적인 콘셉트 가운데 하나가 '쉽게 하는 방법'이다. '하루
10분'이나 '하룻밤에 끝내는'처럼 쉬운 방법을 알려주는 책이다.

② 또 다른 대표적인 콘셉트 가운데 하나가 '감정적 자극'이다. 위로,
동기 부여, 격려, 공감 등 심리적 효과를 노리고 만드는 책들이다.

③ 출판 독자들이 30~40대에 몰려 있다는 점을 간과하면 안 된다.
20대나 50대는 상대적으로 적다. 남성보다는 여성 독자가 더 많
다. 독자 니즈를 탐색하거나 책의 콘셉트를 잡을 때는 이런 현실
을 감안해야 한다.

제3장

독자 지향적 목차 구성법

닥스훈트 선생의
목차 강의

3층으로 올라가는 길은 나선형 계단이었다. 계단은 길고 가팔랐다. 걸음을 디딜 때마다 피아노 건반처럼 바닥이 눌리면서 도레미 음계가 연주되었다. 7음계가 세 번 반복되자 계단이 끝났다. 문을 열고 들어서니 하얀 가운에 주방장 모자를 쓴 닥스훈트 한 마리가 두 발로 서 있었다! 아무래도 이건 꿈이거나 알코올 중독에 의한 환각이 틀림없다. 하지만 2층에서의 경험을 통해 나는 개구리도 말을 할 수 있으며, 나아가 사람보다 놀라운 지력과 언변을 갖고 있다는 사실을 배웠다. 만일 3층의 닥스훈트가 컹컹 짖기만 하고 네 발로 걸어 다녔다면 그게 더 이상했을지 모른다.

"안녕하세요? 2층 수료생 김치국입니다."

"뭐? 김치국? 개구리 선생과 함께 공부를 마치고 여기까지 올라온 건가?"

왜 나는 개구리나 개에게 존댓말을 하고 그들은 내게 반말을 하는 걸까?

"네."

"그렇군. 좋아."

그는 흡족한 미소를 지었다.

"한번은 말이야. 개라는 것도 마음에 들지 않지만 개가 주방장 모자를 쓰고 있다는 게 더 우습다며 비웃던 자가 있었어. 그때 내가 이렇게 짖어 주었지. '어이, 문 닫고 꺼져버려.' 하하하."

닥스훈트 선생은 짧은 앞발로 배를 움켜잡고 방바닥을 데굴데굴 굴렀다. 잠자코 있기는 애매해서 따라 웃었더니 그가 정색을 하며 물었다.

"자네, 왜 웃지? 웃는 이유가 뭔가?"

뒤통수를 긁적였다.

"만일 알고 웃었다면 자네는 천재야. 왜 웃은 거지?"

등줄기로 땀이 흘렀다. 생각지 못한 공격이었다. 무엇일까, 무엇이 웃긴 걸까? 그가 다시 눈물을 쏙 빼며 웃었다.

"방금 내가 한 말을 생각해 보라고. '어이, 문 닫고 꺼져버려.'"

닥스훈트 선생이 내 입을 뚫어져라 쳐다보았다.

"생각해 보라고, 어떻게 문을 닫고 나갈 수가 있느냐고? 자네는 문을 닫고 나갈 수 있어? 나가고 난 뒤에 문을 닫아야 하잖아?"

이런. 아재개그를 하는 개에게 수업을 들어야 하다니.

"그런데 말이야, 이게 왜 흥미로운가 하면"

닥스훈트가 정색을 하며 말을 이었다.

"사람들은 '문을 닫고 나가'라고 말도 안 되는 식으로 이야기를 해도 '나가서 문을 닫아'라는 말로 알아듣는단 말이야. 개떡같이 말해도 찰떡같이 알아듣는단 말이지."

"그렇군요. 저도 처음엔 그렇게 들었습니다."

"이런 실험도 있었지. 한 단어의 글자 순서를 바꾸어 문장 안에 숨겨 놓은 뒤 읽게 했는데 사람들이 별 문제 없이 척척 읽어대는 거야. 그러고는 하는 말이, '뭐가 문제죠? 이상 없는 문장인데요.' 이런 게 암시하는 게 뭔지 아나?"

"글쎄요. 생각해 본 적이 없습니다만."

"그렇지. 아마 없을 거야. 그 말은 순서는 바꾸어도 괜찮다."

"순서는 바꾸어도 괜찮다?"

"그래, 자네는 이제 목차를 배울 시간인데 목차는 자네가 생각하는 그 순서가 아니어도 된다는 말이네."

갑작스레 수업이 시작되었다.

아주 근사한 콘셉트를 가지고 온 사람이 있었어. 듣는 순간 무릎을 쳤지. 와! 대박! 그거 무조건 팔리겠어요. 한번 진행해 보시죠. 그런데 말이야. 며칠 뒤에 그가 목차를 짜봤다면서 보내왔는데 정말 가관이더군. 웬 논문 목차를 보내온 거야.

1. ○○○이란 무엇인가?
2. ○○○의 방법론
3. ○○○과 인생

뭐, 똑같지는 않지만 대강 이런 정도였다고. 기억하기도 싫은 내용이지. 어떻게 그렇게 좋았던 콘셉트가 이런 말도 안 되는 목차가 되어 돌아왔을까? 가만히 그 사람의 생각을 추적해 보았어. 예컨대 그가 집필하려는 책의 주제가 '짜장면'이라고 해보자고. 그는 짜장면을 생각하다 보니까 도대체 짜장면이 뭔지 정의해야 할 필요를 느낀 거야. 짜장면의 역사도 찾고 싶어졌지. 짜장면이 어떻게 우리나라에서 태어났는지 자료를 찾아. 그러다가 짬뽕도 다뤄보고 싶은 거야. 처음에는 전국 짜장면 맛집 지도를 만들어보자고 했다가 이상한 길로 빠져들고 말았지. 이거 무슨 코미디인가. 이건 목차가 아니야.

기업체에서는 보고서를 작성할 때 한 가지 요령을 알려줘. 결론을 가장 앞에 쓰는 방식이지. 보고서를 다 읽고도 ‘그래서 어쩌자는 애기인지’ 잘 모를 때가 있어. 더욱이 우리 CEO들은 시간이 부족한 사람들 아닌가. 짧게 요약된 내용이 필요하다고. 그래서 핵심 문장을 앞머리에 넣으라고 요구한다고.

물론 기업체 보고서와 책은 다르지. 굳이 보고서의 순서를 따를 필요는 없다고. 하지만 한 가지 주목할 건 있어. 상대가 듣고 싶어 하는 내용이 제일 앞에 온다는 사실이야. 사장은 ‘그래서 결론이 뭔데?’ 하고 묻는데 보고서의 제일 끝에서나 답이 탁 튀어나오면 미치고 환장할 노릇 아닌가? 그래서 사장들이 이렇게 말하지. ‘다음부터는 하려는 이야기를 앞에다 넣어주세요.’

바로 이거야. 상대가 듣고 싶어 하는 애기는 제일 앞에!

닥스훈트 선생이 짧은 검지를 세워 보이며 단호하게 말했다.

"제일 앞에!"

"그렇군요. 공연히 변죽만 울리면서 다른 이야기 하느라 돌아가면 안 되겠네요."

"맞았어! 이건 사랑 고백을 하는 게 아니라서 다른 이야기로 빙빙 돌아가면 안 돼. 만일 강경한 어조의 이야기를 한다면 독자 지향적으로 강경하게! 만일 로맨틱한 어조로 이야기를 푼다면 보다 독자 지향적으로 로맨틱하게! 절대 자기 혼자만의 우물에 갇혀서 '이게 중요해!' 하고 고집을 부리면 안 된단 말이야. 부모들이 자녀에게 저지르는 실수 가운데 하나가 '내가 살아보니 진실성, 노력과 같은 덕목(혹은 재력, 학벌 뭐든 좋아)이 중요하더라'라고 자기 체험을 자녀에게 강요하는 거야. 아니, 그건 자신이 그만큼 살아왔으니까 자기에게는 당연한 것처럼 보이겠지만 아이는 그런 데 관심이 없다는 걸 잘 알잖아? 자기 삶의 가치를 자녀에게 강요하는 부모와 똑같이 말하는 저자들이 있단 말이야.

초보 저자들은 '자신이 하고 싶은 말'과 '독자가 듣고 싶어 하는 말'이 다르다는 사실을 잘 몰라. 자기 이야기에 빠져서 독자 배려 없이 일방적으로 책의 목차를 구성한단 말이네. 그러다 보니 '책이란 모름지기 이래야 해'라는 주관적 생각에 빠져서 엉뚱한 목차를 짠다고.

책을 어떻게 시작해야 할지, 어떤 흐름으로 끌고 가야 할지 잘 모르겠으면 주변에 자꾸 물어봐야 한다고. 무작정 내 마음대로 목차를 짜면 그건 눈 감고 돌멩이를 던지는 것과 같아서 운이 좋으련 개구리를 잡는 거고, 그게 아니면 공연히 이웃집 창문이나 깨고 말지. 어때? 강요는 안 되겠지?"

"그렇죠. 강요하는 건 답이 아니라고 생각합니다. 오히려 공감이 상대를 변화시키는 데 핵심적인 역할을 하겠죠."

닥스훈트 선생이 다시 헛기침을 했다. 강의를 이어가겠다는 뜻이리라.

목차를 짜기 위한 첫 단계,
3단계 구성

자, 우리는 '독자의 관심사로부터 시작해야 한다'는 원칙 한 가지를 도출했어. 그런데 관심사를 이야기하고 끝낼 거야? 아니지. 관심사는 자네가 아니어도 많은 책에서 다루고 있다고. 그렇다면 이제 할 일은 이 관심사에 대한 자네의 주장(메시지, 주제)을 넣는 거야. 그게 목차의 초석이 되지. 살펴볼까?

자기계발 서적의 목차 포맷 가운데 정형화된 게 한 가지 있어. 책의 제일 앞에 '나 이렇게 했더니 인생이 달라졌어.' 하는 자기 성공담(간증)을 넣는 거야. '이 방법이 진짜 효과 좋다'는 걸 증명하기 위한 이야기로 시작하는 방법이지. EBS에서 제작한 다큐 프로그램도 포문을 여는 방식이 흡사해. 의문을 제기하고 효과적인 방법은 따로 있다는 사실을 실험(검증)을 통해 알려주지. '문제 제기 – 검증 –

새로운 노하우'는 많은 서적이 공통적으로 쓰고 있는 방법이야. 이 말은 독자가 이 방법에 대한 실효성을 의심하고 있고, 이를 해결해 주어야 한다는 말이야.

'독자가 관심을 갖고 있는 문제에 대해서 해결책을 제시하되 이게 문제 해결에 효과적임을 입증할 것!'

이 문장은 다음처럼 세 부분으로 나뉘지.

① 문제 제기 → 독자의 관심사여야겠지?
② 새로운 노하우 → 문제를 해결할 수 있는 방법이어야겠지?
③ 검증(증거) → 내가 제시하는 노하우가 문제 해결에 효과적인지 살펴보는 과정이 필요하겠지?

이때 3번 검증(증거)은 저자의 경험담(저자만이 알고 있는 팩트)이나 인사이트(여러 팩트를 아우르는 관), 혹은 실험 결과일 수도 있고, 혹은 유명인의 사례일 수도 있어. 혹은 다른 책에서 인용한 내용인 경우도 있지. 어떤 것을 넣든 상관없지만 핵심은 이거야. '설득에 성공해야 된다.'

법정 다툼이라고 생각하면 조금 더 이해하기 쉬울 것 같아. 저자는 법정에서 가장 높은 자리에 앉은 재판관을 설득해야 하는 입장에 처한 사람이야. 내 말이 맞다고 주장하려면 증거가 있어야 할 것 아닌가? 주장만으로는 곤란하잖아? 그래서 3번이 필요해. 한 가지 주의할 점은 '검증'이나 '증거'라는 단어 때문에 이게 어떤 실험 결과여야 한다고 생각하면 곤란해.

만일 실험 결과가 전부라면 소설책은 어떻게 증명하지? 불가능하잖아. 어떤 책들은 증거 대신 사람들이 못 보는 관찰이나 통찰 등을 통해 이를 극복하려고 하지. 세상을 바라보는 깊이로 검증 과정을 대신한다고. 조금 어렵게 말하면 '사실'은 '해석'을 거쳐야 의미를 갖게 돼. 해석을 거치지 않은 사실은 길가의 돌멩이와 같아서 보행을 방해할 뿐이야. 그 돌멩이를 모퉁이 돌로 쓰든 장독 뚜껑을 누르는 데 쓰든 시멘트와 함께 섞어서 바르든 뭔가 '관계망' 안에 놓이게 해야 한다고. 그럴 때 비로소 사실은 의미를 갖게 되지.

이처럼 '해석'만 달라도 얼마든지 새로운 저작이 된다는 말이야. 그러므로 새로운 사실의 발견이 없더라도 다양한 사실을 자기 이야기에 맞게 해석하여 인용할 수 있다면 그것으로 '검증'을 대체할 수 있다고.

이건 독자의 성향과 연관이 깊은 문제인데, 어떤 사람은 실험 결과가 나오기 전에는 믿지 않는 사람이 있고, 어떤 사람은 색다른 인사이트에 반응을 보이는 사람도 있지. 독자들이 수긍에 이르기 위해서 정해진 수단이 따로 있는 게 아니고 독자마다 조금씩 다르다고 보면 좋아. 상대적으로 남성 독자들은 논리력과 증거 자료를 중시하고 여성 독자들은 감성적인 접근이나 나와의 연관성 등을 더욱 따지는 경향이 있어. 마찬가지로 이 책의 독자가 어떤 형태의 증명 과정을 선호하는지 아는 건 중요하지. 옆구리에 창으로 찔린 자국을 보여달라고 요구하는 독자인지 아니면 보지 않고도 믿음을 내는 독자인지 가리는 게 필요하단 말이야.

이때 '설득'은 나와 생각이 다른 사람의 마음을 돌린다는 뜻은 아니야(그건 정말 어려운 일이지). 그래서 굳이 '설득'이라고 생각할 필요는 없어. 수긍이라는 단어도 좋고, 동의도 좋아. 감탄이라고 하면 더 좋을 수 있고, 독자의 기대치에 일치한다는 의미에서 지지나 동기부여도 괜찮지. 독자가 가슴이 탁 트이거나 용기가 불끈 솟거나 무릎을 치면 된다는 말이야. 우리가 〈썰전〉과 같은 프로그램을 보는 이유가 뭐겠어? 우리가 하고 싶은 말을 정말 속 시원히 뱉어주기 때문 아니야? '설득'이라는 단어를 그런 맥락으로 생각하면 좋을 것 같아.

다만 '설득'은 '증거'만 있다고 해결되는 게 아니고 1~3번, 즉 문제 제기, 새로운 노하우, 검증이 모두 달성되어야 해.

1번 문제 제기는 말이야, 내 책이 독자와 어떤 관계에 있는지 보여주는 부분이야. 독자와 너무 동떨어진 문제를 꺼내면 곤란하다는 말이야. 예컨대 대기오염 문제의 심각성을 밝히는 책을 쓴다고 해보자고. 그러면 '최근 황사나 디젤연료 사용의 급증으로 대기 오염이 심각해졌다'고 말하는 게 아니라 '우리 아이들이 이 환경에서 자라면 호흡기질환으로 고통받을 가능성이 높아진다'는 식으로 접근해야 한다는 말이야. 커피숍을 이야기하려면 커피가 싸고 맛있다가 아니라 공부도 하고 잠시 일상에서 벗어날 수 있는 오아시스 같은 공간이라고 말해야 한다는 거지.

독자가 생각하게 해서는 안 돼. '자세히 보면 진가를 알 거야.' 하는 생각으로 접근하면 곤란하다고.

물론 예외도 있지. 만일 내 관심사가 아닌데도 구입한다면 그 책은 시험에 통과하기 위해 공부해야 하는 책이거나 학교에서 내준 과제인 경우, 회사에서 읽으라고 지시한 경우처럼 의무로 읽는 책이야.

2번 새로운 노하우의 경우, 너무 어렵거나 복잡하면 곤란해. 수학자들이 하는 말 있지? '풀이 방식이 여러 가지일 때는 심플한 것을 택한다. 단순한 풀이는 오류의 가능성이 적기 때문이다.' 마찬가지야. 노하우는 가급적 심플한 게 좋아. 예컨대 가계부를 작성하는데 어떤 사람은 지출 내역만 적고, 또 어떤 사람은 매일 1줄이면 충분하다고 말해. 어떻게 1줄로 가계부가 가능한지는 책을 읽어보면 알겠지만 어쨌든 노하우가 간단하고 단순하니까 일단 구미를 당긴다고.

이런 3단계 구성이 책의 골조가 되는 거야. 목차는 이 기반 위에 서게 되지. 때에 따라 '문제 제기 – 검증 – 노하우 제시'처럼 순서가 바뀔 수도 있지만 기본 요소는 똑같아. 한편 제기하는 문제가 여럿인 경우에는 병렬적인 구조를 생각하되 복수의 문제 제기를 통합할 수 있는 단일한 콘셉트가 따로 있는 게 좋지. 예컨대 〈2017년 경제지도〉라는 책이 있다면 '2017년'을 아우르는 어떤 키워드가 있을 것이고, 그 아래는 IT, 자동차, 농산물, 의료, 무역 등 여러 분야나 분류에 따라 세부적인 문제와 이에 대한 해법('예측' 자체가 해법인 경우를 포함하여)이 나오겠지. 이런 책들은 대체로 병렬구조(똑같은 수준의 이야기가 평등하게 나열된 구조)로 되어 있을 거야. 그렇다면 서문을 통해 전체적인 문제 제기와 해법 탐색이 이루어지고 결론에서 정리할 수도 있는 거지.

그러나 출판 트렌드로 보면 'One Problem One Solution'이 대세야. 한 권의 책에는 하나의 문제 제기와 하나의 솔루션이 담기는 게 독자 지향적이라는 말이지. 그러면 제목 뽑기도 정말 쉽지. 〈아웃라이어〉나 〈생각 버리기 연습〉 등 책 제목을 보면 알 수 있는데 이 제목들은 'One Solution'을 보여주고 있어. 그래서 기왕이면 한 가지 문제에 한 가지 해결책을 갖고 책을 쓰면 좋지.

참, 노파심에 덧붙일게. 책에서 제공하는 노하우, 즉 솔루션이 책 제목으로 쓰이는 예는 정말 많은데 한 가지 유의할 점은, 그 솔루션의 이름이 낯설면 안 된다는 점이야. 〈아웃라이어〉는 무슨 뜻인지 모르겠지? 그런데 저자가 말콤 글래드웰이야. 이 사람은 자기계발 분야에서 나름 신뢰를 주는 저자잖아? 그 이름만으로도 '이 사람이 또 자기계발책을 썼다'는 걸 알 수 있어. 달리 말하면 저자 이름 보고 사는 책이지 제목 보고 사는 책이 아니라는 애기. 반면 〈생각 버리기 연습〉의 저자인 고이케 류노스케라는 스님은 이 책이 처음 나왔을 때는 한 번도 들어본 적이 없는 사람이었지. 유명 저자는 그 이름에 특정 분야에 대한 신뢰할 만한 원고를 쓰는 사람이라는 신뢰감이 사회적으로 형성되어 있지만 그렇지 못한 경우, 특히 자네와 같은 초보저자라면 아직 저자 브랜드가 없으므로 이해 못할 키워드로 제목을 지어서는 곤란해. 솔루션을 제목으로 삼을 때는 절대 이해가 안 되는 단어를 쓰면 안 된다는 말씀.

| Summary |

① 목차를 잡기 위해서는 우선 3단계에 따라 내용을 구성해 본다.

② 3단계 구성은 '문제 제기, 검증, 노하우'로 되어 있다. 각 항목에 맞게 내용을 채워본다.

목차 짜기 두 번째 단계,
3단계 구성에서 목차로 확장하기

자, 이제 3단계 구성에서 벗어나 본격적인 목차 짜기로 가볼까? 이를 위해서 콘셉트 한 가지를 가져와 보자고. '성공에 이르는 길'이 좋을 것 같아. 많은 사람들이 '성공 방정식'에 대해서 궁금해 하지. 어떻게 해야 성공할 수 있을까? 어때? 자네는 어떻게 생각하나? 성공의 열쇠는 무엇일까? 물론 여러 방법이 있지만 '냉혹한 현실'의 쓴맛을 본 사람들 중에는 성공은 개인의 노력이 아니라 개인이 선택할 수 없는 어떤 것, 즉 타고난 아이큐나 부모의 재력을 꼽기도 하지. 자네는 어떤가? 아니라고 믿고 싶지만 딱히 증거는 없잖아?

그런데 말이야, 누군가 짠 하고 나타나서 '성공의 원인은 아이큐도 아니고, 부모의 재력도 아니다. 내가 직접 연구 조사한 바에 따르면 당사자의 노력에 달린 문제다.'라고 말하면 어떻겠어? 자기가 직접 연구했다니까 솔깃하지 않아?

"그래, 나도 성공은 후천적인 노력이 더 중요하다고 생각했어. 그렇게 믿고 싶었지. 하지만 증거를 찾을 수 없었다고. 그런데 당신이 증거를 찾았단 말이지? 보고 싶어."

그래, 이건 〈그릿(grit)〉이라는 책 이야기야. 그릿의 저자는 부모의 재력이나 타고난 아이큐 따위가 성공의 핵심이 아니라 포기하지 않고 끝까지 하려는 자세, 즉 '그릿'에 답이 있다고 주장하지.

자네가 이 책의 저자라고 생각해 보자고. 만일 '끈기'라는 게 성공의 첫째 조건이었다는 게 밝혀졌다면 어떻게 이 이야기를 풀어가겠어? 우선 3단계 구성을 적용해 보자고.

① 문제 제기 : 부모의 재력이나 아이큐가 진짜 성공의 원인일까요?
② 노하우 제시 : 성공의 원인은 '배경'이나 '타고난 재능'이 아니라 '그릿(grit)'입니다.
③ 증명 : 실험을 통해서 증명해 볼게요.

단 3개의 항목이지만 일단 이 정도면 첫 구성으로는 훌륭하지. 하지만 이렇게만 잡고 원고를 쓰기는 힘들겠지? 목차를 좀 더 세부적으로 만들어야 할 것 같아. 자, 이 3개의 목차를 잘게 나눠보자고.

① 아이큐 높은 사람의 행적을 추적해 보았어. 그랬는데 아이큐 높은 사람 중에도 성공하지 못한 사람이 생각보다 많더군.

② 부모가 부자인 사람들의 자녀를 추적해 보았어. 그랬는데 부모가 부자여도 성공하지 못한 자녀가 많더군.

③ 혹시 궁금해 할지 몰라서 아이큐도 높고 부모도 부자인 사람들을 찾아봤지. 그런데 이 역시 성공의 필연적인 조건은 아니더군.

④ 우리는 방법을 바꾸었어. 이번에는 성공한 사람들을 조사해 봤지. 과연 성공한 사람들의 공통점은 무엇일까?

⑤ 우리는 조사의 원칙을 이렇게 세웠어. 조사 대상은 이러했고, 이런 식으로 조사를 했지. 정확성을 높이기 위해 장시간 연구했지.

⑥ 그랬더니 말이야, 공통점이 보여. 성공하는 사람들은 '포기하지 않고 끝까지 하려는 자세'를 갖고 있더군. 우리는 그것을 '그릿'이라고 부르기로 했어.

⑦ 우리는 '그릿'이 진짜 효과가 있는지 검증하는 작업에 돌입했어. 혹시 우리 연구결과가 자의적인 해석의 결과물일 수도 있잖아. 그래서 '그릿'을 대입해서 성공한 사람들을 연구해 보았지. 그랬더니 말이야, 놀랍게도 역시 '그릿'이 핵심이었어.

⑧ 우리 조사 외에도 잘 알려진 사람들이 성공에 이른 과정을 살펴보면 똑같이 '그릿'이 발견돼. 그들도 '타고난 재능'보다는 '포기하지 않는 노력'이 더 중요하다고 증언해 주었지.

⑨ 만일 성공하고 싶다면 우리는 '배경'이나 '아이큐' 따위에 집착할 게 아니라 '그릿'으로 갈아타야 해.

내용이나 분량에 따라 합쳐야 할 것도 있고, 더 나눠야 할 게 있을지도 몰라. 그러나 이 정도면 흐름을 잡는 데는 도움이 되는 것 같아.

중요한 건 이렇게 세부적으로 나누는 걸 의무적으로 해서는 안 된다는 사실이야. 나누는 데 목적을 두다 보면 흐름을 잃기 쉽지.

그런데 빠진 건 없을까? 그래, 이 목차를 보면 우리는 '노하우는 그릿이야' 하고 결론지었지만 그렇게 주장하고 끝내기에는 뭔가 허전해. '그릿'을 어떻게 해야 배양할 수 있는지 방법론이 빠져 있는 거지. 방법론에 대해서 따로 경험하거나 연구한 게 많다면 따로 내용을 빼서 2부로 잡는 것도 좋은 방법이야.

그렇다면 실제 목차는 어떨까? 앤젤러 더크워스 박사가 집필한 〈그릿〉의 실제 목차를 보기 전에, 목차의 분류 방식에 대해서 간략히 설명해 줄게.

책에서 가장 큰 분류는 '부(Part)'야. 그 아래 분류가 '장(chapter)'이지. 그 다음이 '절(section)'이고.

1부 머나먼 고국
  1장 어머니의 땅
    1절 영식이와 나

물론 '절'보다 작은 단위도 있지만 대개는 '절'에서 끝나지. 출판 사마다 약간씩 차이가 있기는 하지만 '절'이 우리가 흔히 말하는 한 꼭지야. 짧으면 A4 2/3페이지 정도가 한 꼭지인 경우도 있고, 길면 A4 2쪽까지 이어지기도 해. '책 쓰기' 관련 서적에 보면 한 권의 책 이 탄생하려면 100꼭지가 필요하다고 하잖아? 그때 그 꼭지가 '절' 이라는 말이야. 그 절이 짧게는 5~6개, 길게는 10~12개 모여서 하나의 장을 이루고, 장이 3~4개 혹은 5~6개 모여서 부를 이루지. 부는 최소 2개 이상이어야 하고.

자, 이제 〈그릿〉의 목차를 보자고. 일단 가장 큰 분류인 부(part) 야.

제1부 그릿이란 무엇인가
제2부 '포기하지 않는 나'는 어떻게 만들어지는가 : 내 안에서 그 릿을 기르는 법
제3부 '내면이 강한 아이'는 어떻게 길러지는가 : 아이들의 그릿 을 키워주는 법

〈그릿〉은 이처럼 크게 세 부분으로 나뉘지. 1부가 앞서 말한 '문 제 제기 – 검증 – 노하우 제시'의 과정이고, 2부는 '노하우를 키우는 방법론'이야. 그리고 3부는 '자녀 교육과 그릿'을 다루고 있어. 아마 도 저자는 '그릿'이 아이들에게 중요하다고 생각하고 따로 연구한 모양이야.

참, 1부 제목만 보면 '그릿'을 정의하는 정도에서 그치는 것 같은
느낌이 들지? 그럼, 1부의 깃발 아래 모여 있는 여러 개의 장들을
한번 볼까?

　제1부 그릿이란 무엇인가
　　제1장 그릿, 성공의 필요조건
　　제2장 우리는 왜 재능에 현혹되는가?
　　제3장 재능보다 두 배는 중요한 노력
　　제4장 당신의 그릿을 측정하라
　　제5장 그릿의 성장

어때? 흐름이 느껴져? 두세 번 읽으면서 5장까지 어떤 흐름을 만
들려고 했는지 추적해 보자고. 그래도 불분명하다면 아래 1부 전체
의 목차를 참고해.

　제1장 그릿, 성공의 필요조건
　　태도, 성공한 사람들의 특별한 공통점
　　어떤 사람이 *비스트를 통과하는가?
　　그릿은 어디서든지 통하는가?
　　'잠재력'과 잠재력을 '발휘하는 것'의 차이

(닥스훈트 : 1장 1절에서 '태도'라는 단어를 끄집어내면서 그게 성공자들의

공통점임을 보여주고 있지? 2절의 '*비스트'는 미 육군사관학교의 신입생이 받는 훈련의 명칭인데 혹독하기로 악명이 높다나 봐. 이걸 통과한 사람들의 공통점을 찾아서 보여주는 꼭지겠지? 3절에 '그릿'이라는 단어가 처음 등장하지. 그릿의 범용성을 확인하는 꼭지겠지? 4절은 재능과, 재능의 발휘라는 문제의 차이를 짚고 있어. '재능'을 암시하는 단어(잠재력)가 목차상에 처음 나오지. 다음 2장이 '재능'에 대한 내용이거든. 연결이 자연스럽지?)

　제2장 우리는 왜 재능에 현혹되는가?
　성취의 근원을 찾아서
　재능을 편애하는 사람들
　재능 중심 경영이 불러온 파국
　우리가 재능 신화를 버려야 하는 이유

(닥스훈트 : 장 전체가 '재능'에 대한 의구심으로 가득해. 심지어 그걸 '재능 신화'라고 부르고 있어. 더더욱 그릿이 돋보이게 되지.)

　제3장 재능보다 두 배는 중요한 노력
　성취 ＝ 재능 × 노력2
　워런 매켄지: 1만 개 이상의 작품을 만드는 장인
　존 어빙: 난독증을 극복하고 세계적인 작가가 되기까지
　윌 스미스: 죽거나 혹은 끝까지 하거나
　우디 앨런: 포기하지 않는 힘

(닥스훈트 : 자, 3장은 이제 '그릿'이 '재능'보다 중요한 성공 조건임을 드러내고 있어. 그리고 유명인의 사례를 들어 다시 한 번 '증명'하지.)

제4장 당신의 그릿을 측정하라
열정에도 끈기가 필요하다
당신의 '최상위 목표'는 무엇인가?
'당찬 포부'에 숨겨진 문제점
때로는 경로 변경도 필요하다
위인과 일반인을 구분 짓는 네 가지 지표

(닥스훈트 : 절 제목을 보면 '열정', '목표', '포부' 등의 단어가 등장해. 이건 무슨 뜻일까? 그래, 사람들도 열정을 갖고 있고, 목표를 세운다는 말이지. 그런데 '열정'과 '목표 설정'에 문제 혹은 함정이 있다는 말이야. 그걸 '위인'과 '일반인'을 대비시키는 과정을 통해 '그릿'의 의미를 더욱 명료하게 만들고 있어.)

제5장 그릿의 성장
그릿과 유전, 환경의 상관관계
나이가 들수록 그릿도 성장한다
그릿을 기르는 네 가지 방법

(닥스훈트 : 5장은 그릿을 어떻게 키울 수 있는지 짤막하게 보여주고 있어.

그리고 마지막 제목은 '그릇을 기르는 네 가지 방법'인데 예상하다시피 이어지는 2부에서 이 네 가지 방법을 4개의 장으로 확대해서 구체적으로 다루고 있다고.)

차분히 읽어봤어? 몇 가지 다른 점도 있지만 1부의 목적은 3단계, 즉 문제 제기 – 새로운 노하우 – 검증이라는 기본 요소를 벗어나진 않아. 물론 모든 책이 딱 맞아떨어지지는 않을 거야. 여행서적은 어떻게 하지? 이런 3단계 구성이 통할까? 문제를 어떻게 설정하느냐에 따라 다르고, 또한 여행지의 특성상 각자의 여행 동선이 목차에 미치는 영향도 있지. 그럼에도 큰 그림은 항상 이 3단계의 적용을 받을 수 있어.

문제 제기 : 다람쥐 쳇바퀴 같은 일상이 싫어.
새로운 노하우 : 나만의 여행을 떠나고 싶어.
검증 방법 : 여행기

이 경우는 새로운 노하우가 검증 방법과 겹치는 부분이 많겠지? 어쨌든 여행이란 것도 이런 구성을 따라 흐름을 만드는 게 가능해 (그냥 내버려둬도 목차를 짤 수 있는데 굳이 '3단계 구성'을 거칠 필요가 있을까? 나는 필요하다고 생각해. 내 책이 제기하는 문제, 해결책, 증거를 알고 목차를 짜는 것과 느낌 따라 막연히 목차를 짜는 것 사이에는 알고 쓰느냐, 모르고 쓰느냐의 본질적인 차이가 있거든.).

그럼 자네는 어떻게 목차를 짜겠는가? 지금 〈그릿〉의 목차를 살펴보았듯이 자네가 쓰려는 책의 경쟁서적들의 목차를 분석해보라고. 1장을 어떻게 여는지, 2장에서 이야기를 어떻게 받아서 끌고 가는지, 3장에서 이야기를 어떻게 확장시키는지, 4장에서 어떻게 변주가 일어나는지, 5장에서 어떤 방법론을 말하는지, 6장에서 어떻게 마무리하는지 '분석'하다 보면 해당 분야에서 요구하는 목차의 흐름을 파악할 수 있다고. 가급적 많은 책의 목차를 보다 보면 몇 개의 대표적인 흐름을 찾을 수 있을 거야. 그 가운데 자네 원고와 가장 적합해 보이는 흐름을 가져오면 될 거야.

때로는 말이야, 다른 책의 목차를 통째로 가져와서 그걸 자네 원고의 흐름에 맞게 고치는 방법도 좋다고. 물론 베끼라는 말은 절대 아니야. 창조를 위한 모방과 베끼기는 엄연히 다른 거라고.

어때? 이렇게 하면 목차를 짤 수 있겠지?

| Summary |

① 문제 제기, 검증, 노하우의 3단계 구성을 잡아본다.

② 3단계 구성을 10여개의 항목으로 확대한다.

③ 10여개 항목을 부, 장, 절로 확대한다.

　　　　　• • • • •

　닥스훈트 선생은 자기 몸뚱이만큼이나 길고 긴 설명을 마친 뒤에도 뭐가 할 말이 더 남았는지 몇 가지 더 보충했다. 정리하면 다음과 같다.

세상에는 순서에 앞뒤가 없는 책도 있다.

　예컨대 단편소설집이나 수필, 시집과 같이 짧은 작품으로 이루어진 책들이다. 물론 이런 경우에도 먼저 읽어야 할 것과 나중에 읽어야 할 것으로 순서를 구분할 수 있다. 그러나 그런 흐름이 없는 경우, 유사한 작품을 묶어서 몇 개의 장으로 나누기도 한다. 다만 작품을 나열할 때는 사진작가들이 사진을 찍을 때처럼 '멀중근'이라는 단어를 기억하면 좋다. 풍경 사진은 공간감을 살리기 위해 깊이를 찍어야 하는데 깊이를 담으려면 가까운 것, 중간 것, 멀리 있는 것 이 세 가지를 한 장의 사진 안에 담아야 한다고 한다. 그래서 나온 말이 '멀중근'이다. 마찬가지로 작품들도 '가볍고, 중간이고, 무거운 것'을 짝을 이뤄주면 좋다. 무거운 것끼리, 가벼운 것끼리 묶는 경우도 있지만 독자의 입장에서 보면 매운 것 먹고 나면 시원한 게 먹고 싶고, 짠 것 먹으면 슴슴한 게 먹고 싶은 것처럼 배합에 신경을 쓰는 게 좋다. 꼭 '가중무'가 아니어도 된다. 소재가 유사한 게 겹치지 않게 배치하는 방법도 생각해 볼 수 있고, 무거운 게 계속 이어지면 중간에 쉬어갈 수 있는 꼭지를 배치하는 방법도 있다.

<u>목차에는 두 가지 용도가 있다.</u>

하나는 책에 실어서 독자에게 읽히는 것. 또 하나는 집필할 때 쓸 것. 최종적으로는 책에 실을 것만 남겨야 하지만 처음 원고를 쓸 때는 집필용 목차라는 걸 갖고 있는 게 좋다. 집필용 목차는 완성도가 70% 이상이면 충분하다. 큰 분류(부, 장)는 나뉘어 있고, 세부 목차(절)가 다소 완성도가 떨어지는 정도다. 조금 더 저자 입장에서 말하면 '이 정도면 글을 쓸 수 있겠다' 싶은 완성도면 된다. 소제목이 세련되지 못했다는 건 집필용 목차에서 중요하지 않다. 도리어 어떤 내용을 쓸 것인지 구체적으로 명시된 목차를 갖고 있으면 된다. 예쁜 문장으로 바꾸는 것은 나중에 얼마든지 할 시간이 있고 또 출판사 편집자에게 맡겨도 된다. 더 잘한다.

<u>책에 신는 목차라도 독자 입장에서 두 가지 용도가 있다.</u>

하나는 인덱스 기능이고, 하나는 전체 흐름과 내용을 살피는 기능이다. 책마다 조금씩 다른데 〈삐뽀삐뽀 119〉의 경우는 아이가 아플 때 관련 증상을 빠르게 찾아야 하므로 목차는 인덱스 기능에 맞게 구체적인 증상이나 병명을 찾을 수 있도록 만들어져야 한다. 동시에 독자가 자주 찾는 콘텐츠를 목차상 앞쪽에 배치하는 것도 배려해야 한다. 만일 당신의 책이 인덱스가 중요하다고 판단된다면(독자가 그런 기능을 원한다면) 목차에는 사람들에게 익숙한 키워드들이 드러나는 게 좋다.

목차 제목들이 너무 긴 것은 좋지 않지만 때로는 '제목 + 부제목'
형태로 만드는 게 좋을 때가 있다.

예컨대 '2002년 월드컵'이라는 제목이 건조해 보인다고 느낄 수
있다. 이때 '2002년 월드컵 : 광화문에 울려 퍼진 함성'이라고 보충
하면 보기 좋을 때가 있다.

목차는 '1부, 1장, 1'과 같이 쓰는 게 일반적이다.

보통 '1절'이라는 표현 대신 그냥 '1.'으로 표기하는 경우가 많다.
그러나 이밖에도 다른 표현법을 찾는 것도 도움이 된다. 예컨대 영
어로 쓰는 방법이 대표적이다.

1부 : Part 1

1장 : chapter 1

1절 : section 1 (*그러나 이 역시 그냥 '1.'이나 아예 숫자 없이 제목만 있
　　　는 게 나아 보인다.)

혹은 '에피소드 1', '첫 번째 이야기', '대담 1'과 같이 책의 성격에
따라 '1장' 스타일을 변주하는 방법을 찾을 수 있다.

이밖에도 어떤 목차가 1~4장까지 있다면 '1장, 2장……' 대신
'봄여름가을겨울'처럼 바꾸는 방식도 가능하다.

봄 : 짜장면의 탄생

여름 : 짜장면의 전성기

가을 : 간짜장 VS 짜장 대격돌

겨울 : 짬뽕의 시대

'1장, 2장'과 같은 느낌을 지워주기 때문에 종종 쓰인다. 계절 말
고도 색깔이나 요일 등을 '1장, 2장' 대신 쓰는 방법을 생각할 수 있
다.

이 책이 왜 필요한지
설명하는 목차는 빼라

닥스훈트 선생이 혀를 길게 빼고 헉헉거렸다. 힘들 법도 했다. 하지만 이야기는 아직 끝이 아니었다. 길구나, 허리!

"자네는 목차의 제일 앞에 어떤 내용을 넣었지?"

"제2의 인생을 왜 준비해야 하는지 그 필요성을 설명하는 내용이었습니다."

선생이 짧은 뒷다리로 아장아장 걸어서 코앞으로 다가왔다. 그가 뻔히 내 얼굴을 들여다보았다.

"무엇이 잘못되었는지 이해하겠나?"

"네? 잘못이라니요?"

"필요성을 설명하는 글을 왜 제일 앞에 넣은 게 잘못인지 이해하겠느냐고?"

"아니요. 그 대목을 쓰려고 제가 얼마나 노력을 기울였는데요. 저는 그게 빠져서는 제 책이 완성될 수 없다고 생각합니다."

"자네 마음은 이해해. 우리 개들이 인간을 섬긴 게 하루 이틀이 아니니 어찌 그 마음을 모르겠는가? 하지만 말이야."

닥스훈트 선생이 의자에 앉아 다리를 꼬았다.

"필요성 운운하는 건 이미 이 책이 안 팔릴 줄 알고 있다고 광고하는 것과 다를 바 없어."

멍한 느낌. 과연 그는 무슨 말을 하고 싶은 걸까?

"전혀 이해하지 못하고 있는 표정이군. 잘 들어보라고. 자네는 세상의 모든 광고가 '이 제품은 당신에게 정말 필요해요. 이런 이유 때문이지요.' 하고 말하는 것을 들어본 적이 있나?"

"그런 광고는 많이 접하지 않나요?"

"제품을 만들기 전에 수요를 확인하는 건 기본이겠지? 필요성이 있다고 생각하니까 상품을 만드는 거라고. 그런데 이런 광고들은 거꾸로 된 경우야. 상품을 먼저 만들어놓고 그에 맞게 필요성을 찾으려고 하다 보니까 '이 제품은 당신에게 필요해요.' 하고 광고하는 거라고."

"그게 무슨 뜻입니까? 누가 그런 멍청한 짓을 한다는 말이죠?"

"그런 멍청이들이 있지. 실제로 많다고. 어쨌든 필요성을 강조하는 건 판매에 아무런 도움이 안 된다는 걸 이해해야 해."

"이해가 안 됩니다."

"자네는 독자의 욕망을 읽어야 한다는 말의 의미를 잘못 받아들이고 있는 거야. 독자 수준에서 함께 이야기하고 있다는 것도 이해하지 못하지. 그러니 콘셉트를 알고 있다고 말할 수도 없다고. 콘셉트를 알았다면 자네는 독자의 수준으로 내려가야 한다고. 그들의 고민으로, 그들의 욕망으로, 그들의 속마음으로!"

"그렇죠. 그건 알고 있습니다."

"그렇다면 그들이 지금 무엇을 필요로 하고 있는지도 알 것 아닌가?"

"만일 욕망을 제대로 읽었다면 알고 있어야겠지요."

"그렇다면 이게 왜 필요한지 설명할 필요가 없다는 말이잖아? 이미 그들은 필요성을 느끼고 있는데 그걸 다시 되풀이해서 들려준다고?"

"아, 그렇군요. 배가 고픈 사람에게는 밥이 필요한 거지. 밥을 먹어야 할 필요성을 설명할 필요는 없는 거군요."

"반대로 배가 고프지 않은 사람에게 '당신은 밥을 먹어야 해요.'라고 말해봤자 상대는 들은 척도 안 한다고. 배가 고프지 않으니까."

"알겠습니다. 그래서 필요성을 이야기하는 게 불필요하다는 말이군요."

"머리는 장식이 아니라네. 생각 좀 하라고."

닥스훈트 선생이 자기 머리를 툭툭 쳤다.

"마음이 없는 사람에게 마음을 일으키기는 정말 어려운 일이야. 그건 100번 시도해서 1번 성공할까 말까 한 일이지. 독자들은 자기 마음에 없는 어떤 욕망 때문에 책을 구매하지 않는단 말이야. 그런데 '이 주제가 당신에게 왜 중요하고 왜 필요한지' 설명하는 글을 넣게 되면 서로 뻔히 아는 이야기를 주고받느라 시간을 낭비하는 꼴이지. 그런 이야기는 과감히 삭제하는 게 나아. 물론 새로운 인사이트가 담겨 있다면 그건 다른 문제야. 그러나 대개는 필요성을 잔소리처럼 늘어놓는다고. 그게 제거해야 할 글이라는 거야! 하나 마나 한 이야기는 절대 앞에 넣지 말라고."

"그건 잘 알겠습니다. 그런데요."

닥스훈트 선생이 귀를 팔랑이며 자리에서 일어났다.

"뭐야? 지금까지 이야기로 부족한 거야?"

"그게 아니라. 너무 많은 이야기를 듣다 보니 너무 복잡합니다. 한 번만 정리해 주시면 안 될까요?"

좋은 방법은 실행이 어려운 법인 것 같다. 닥스훈트 선생의 많은 이야기는 분명 좋은 이야기임에는 틀림이 없으나 실행하기 위한 구체적인 액션 플랜이 없으니까 난감했다. 새로운 요구에 부닥친 닥스훈트 선생은 벌러덩 누워서 내 배를 째라고 발버둥 쳤지만 잠시 후 개뼈다귀를 물고 나와 핥으며 마음을 가라앉혔다. 그는 '목차의 정신은 깔끔한 정리!'라고 외치며 다음과 같이 내용을 요약해주고, 내가 취해야 할 액션 플랜도 최대한 심플하게 알려주었다.

"잘 보라고. 목차는 두 가지가 필요한 거야. 흐름을 결정하는 것과 흐름 안에 어떤 구체적인 꼭지를 넣을 것인지 말이야. 기승전결과 같은 흐름을 설정하고, 그 안에 '1장 1절. 성공의 진짜 법칙'과 같은 1꼭지 단위로 쓸 수 있는 세부 목차를 정해야 하지. 일단 궁금해 할 것 같은 내용부터 정리해 보자고."

① 목차와 분량

- 1권의 책을 쓰려면 최소 3개 이상의 장(chapter)을 마련할 것! 3개는 정말 최소 수준이고, 보통은 5개 이상이 좋다. 장의 숫자가 7개 이상 10개, 13개 수준으로 늘어나면 부(part)로 묶는 방법을 생각해 보자.
- 한 장(chapter)에 최소 3개 이상의 꼭지를 넣을 것! 3개는 정말 최소이고, 보통은 5개 이상이 좋다.
- 1개의 꼭지(절, section)는 A4로 2/3페이지 수준이면 된다. 이보다 길어져서 A4 1페이지를 넘게 되면 중간에 작은 제목을 넣어주면 된다. 1개의 꼭지는 완결된 하나의 이야기다. 그것만 떼어서 읽어도 무리가 없을 정도라는 말이다(물론 경우에 따라 그렇지 않을 수도 있다.).
- 책 한 권에 필요한 꼭지(절, section) 수는 적으면 50개에서 많으면 100개 정도 필요하다.

- 책 한 권의 분량은 A4 기준으로 최소 60매로 보면 크게 무리 없다. 실제 책에 얹을 때 글자 크기나 한 페이지에 넣는 줄 수 등에 따라 달라지지만 A4 60매면 170~180페이지 정도를 만들 수 있다(경우에 따라 200페이지까지 만들 수 있다.). 출판사에 따라, 편집자에 따라 200페이지는 넘겨야 책이라고 생각하는 경우가 있으나 최근에는 200페이지 미만의 책도 많이 출간된다. 책이 그만큼 가벼워졌다는 말이다. 분량에 너무 부담 갖지 않기를 바란다.
- 책의 분량에 따라, 또한 한 꼭지를 얼마나 쓸 것인지에 따라 꼭지 수는 조정하면 된다.

② 흐름 만들기
- '문제 제기 – 노하우 – 검증'의 3단계 구성을 대입해 볼 것!
- 3단계 구성을 베이스 삼아 10~20개의 항목으로 구성된 흐름을 만들어볼 것!
- 이게 잘 안 되면 경쟁도서의 목차를 여러 권 분석해 볼 것!
- 자주 발견되는 목차 유형을 찾을 것!
- 그 유형에 맞게 내 목차를 짜볼 것!
- 이것도 안 되면 경쟁도서의 목차를 그대로 가져와서 내 원고에 맞게 수정할 것!

③ 디테일한 목차(집필에 필요한 목차) 잡아보기

- 전체 흐름을 생각하지 말고 일단 쓸 거리를 나열해 보는 거
  야. 일단 해보자고. 어떤 쓸 거리가 있는지 죽 나열해 보자고.
- 독자가 궁금해 할 만한 질문을 뽑아보자고. 기왕이면 해당 주
  제와 관련된 사람에게 직접 물어보거나 혹은 인터넷 등을 검
  색해서 어떤 걸 궁금해 하는지 찾아보면 좋겠지? 물론 내가
  답할 수 있는 질문이어야 할 테고.
- 다른 책의 목차를 참고하여 내가 쓸 수 있는 소제목을 가져와
  보자고. 어쩌면 이게 가장 손쉽게 할 수 있는 방법일지 몰라.
  실제로 많은 사람들이 이 방법을 쓰고 있어. 일본의 유명한
  다독가인 다치바나도 '10권 읽으면 1권 쓴다'고 하잖아? 이
  게 무슨 말이겠어? 다른 책의 내용에 토대를 두고 자기 책을
  쓴다는 말이지?

"간략히 정리해봤지만 가장 중요한 건 직접 해보는 거야. 해보면
뭐가 안 되는지 알 수 있을 것이고, 그때 다시 강의 내용을 보면
서 안 되는 걸 해결하는 방법을 찾는 게 좋지 않겠어. 첫 술에 배
부르랴."
(닥스훈트 선생은 뼈다귀 빠는 데 방해된다며 얼른 4층으로 올라가라고 손
짓했다. 4층에서는 본문 쓰기를 배울 것이라는 말과 함께. 이런!)

제4장

글쓰기의 두려움을
극복하는 법

다른 건 하겠는데
글은?

4층으로 올라가는 발걸음은 희망 반 절망 반이었다. 3층 수업까지 마치자 책 쓰기의 기본 개념이 손에 잡힐 듯 다가왔다. 어제까지는 무작정 길을 나섰다면 지금의 나는 지도를 손에 쥐고 길을 떠날 수 있는 수준에 이르렀다. 그런데 4층으로 오르는 계단의 마지막 다섯 걸음 앞에서 갑자기 두려움이 밀려왔다. 본문 쓰기, 그러니까 글쓰기는 아직 초보저자인 내게 여간 어려운 문제가 아니었다. 몇몇 저자들은 블로그 등에 글을 연재하고 있으면 거꾸로 출판사에서 연락이 오는 경우도 있다고 한다. 그 말은 글만 있다면 목차나 콘셉트는 저절로 나온다는 말이 아닌가. 그건 글이 중요하다는 의미로, 아무리 콘셉트와 목차가 좋아도 본문을 쓸 수 없다면 아무 소용이 없다는 뜻도 되었다.

무거운 마음으로 4층 문을 들어섰다. 자신감은 반 토막이 나 있었고, 투고한 출판사에서 보내온 거절 메일의 문구들이 머릿속을 가득 메웠다.

'귀하의 원고는 우리 출판사의 출간 방향과 맞지 않아서 출간이 어렵습니다.'

4층 방은 내 방 형광등만큼 침침했다. 사물을 식별하는 데는 큰 어려움이 없으나 스탠드를 따로 켜지 않으면 책을 읽을 때 눈이 아플 것 같은 밝기였다. 방은 여느 집 거실처럼 소파와 책장이 놓여 있었고, 한쪽에 기다란 책상이 자리 잡고 있었다. 방금 전까지 누군가 앉아서 책을 읽거나 사무를 보았을지 모른다는 착각이 들 정도로 이전의 차가운 방들과는 분위기가 달랐다. 사람이 지나가고 난 자리에 피어오르는 바닥 카펫의 곰팡이 냄새가 코끝을 스쳤다. 방은 훈훈한 기운으로 가득했다. 다만 4면의 벽 가운데 유독 아무 가구도 없는 빈 벽이 있었다. 벽에는 순백색 벽지가 발라져 있어서 다른 벽의 잿빛 벽지와 구분되었다.

헛기침에도 인기척이 없었다. 이리저리 기웃거리다 아픈 다리를 끌고 소파에 앉자 갑자기 한기가 훅 끼쳤다. 소파는 하얀 벽면을 마주하고 있었다. 잠시 뒤 백색 벽면에 그림자가 드리워졌다. 처음에는 내 그림자인가 싶었지만 그 그림자는 앉아 있는 자세가 아니었다. 뒤를 돌아보았지만 사람의 흔적도 없었고, 따로 그림자를 드리울 만한 조명도 없었다. 얼음처럼 굳어진 채, 저 혼자 움직이고 있는 그림자를 보았다.

"혹, 혹시, 4층 선생님이신가요?"

개구리 선생과 닥스훈트 선생을 만나지 못했더라면 그림자에게 말을 걸 생각을 하지 못했을 것이다.

그림자는 대답이 없었다. 대신 그림자 옆에 만화처럼 말풍선이 생기더니 글자가 새겨지기 시작했다.

"어서 오시게. 깜짝 놀랐나?"

"물론 2층이나 3층에서 단련이 되기는 했습니다만, 그래도 놀라긴 마찬가지입니다."

방안에는 내 목소리만 울려 퍼지고 있었다. 아마도 과학적으로 추론한다면 나는 '음성'을 통해 대화를 시도하고, 그는 '글자'로 대답하고 있으니 그 그림자에게 분명 '귀'가 있어야 했다. 그러나 그림자의 실체는 좀체 찾을 수가 없었다.

"제 목소리가 어떻게 들리시는 거죠?"

"고등학교 때 시(poet)를 배우면서 '공감각적 이미지'라는 걸 들어봤을 거야."

그림자 선생은 내 말에는 답하지 않고 엉뚱한 이야기를 늘어놓았다.

"예를 들면 '분수처럼 흩어지는 푸른 종소리'와 같은 구절이 좋은 예지. 종소리는 눈으로 볼 수 있는 게 아닌데 시인은 '푸르다'고 색감을 부여하고 '분수처럼 흩어진다'고 눈에 보이는 것처럼 표현하지. 눈이 아니면 볼 수 없는 것이나 혹은 귀가 아니면 들을 수 없는 것을 전혀 다른 감각적 표현으로 바꿀 때 이를 '공감각적 이미지'라고 불러. 스님의 목탁소리를 뜨겁다고 말하거나 아드리안의 분할된 빨간색을 악취가 풍긴다고 말하는 식이야. 그런데 이것은 표현을 위해 일부러 만든 게 아니라 소수의 사람들에게서 실제로 경험되는 일이기도 하지. 어떤 사람들은 소리를 들으면 색깔이 눈앞에 그려진다고 해. 또는 색깔을 보면 소리가 들리는 사람도 있지. 이런 특수한 재능 외에도 장시간 훈련을 거듭한 사람들 중에는 자연스럽게 시각과 청각이 함께 작동하는 경우도 있어. 예컨대 단순한 기호의 집합인 악보만 보고도 소리가 들리는 마에스트로나, 색깔에 부여된 고유의 넘버링만 보고도 눈앞에 색깔을 떠올리는 화가들이 있지. 마찬가지로 검은 활자만 보고도 글자 너머의 생동감을 느끼는 소설가나 시인들도 있어. 만일 글이란 것을 단순히 가나다라의 조합이라거나 관념적인 뜻의 조합이라고 여기지 않는다면 우리는 글을 누군가의 '인생'처럼 살아 숨 쉬는 그 무엇으로 볼 수 있다고."

"자, 잠깐만요. 글이 너무 빨리 넘어가면 제가 읽을 수 없습니다."

"오! 그렇군. 말보다는 글을 읽기가 어려운 사람이 있는 법이지. 알았으니 다시 한 번 읽어보라고."

그림자 선생은 다시 한 번 천천히 문장을 벽면에 띄웠다. '공감각적 이미지…… 글자 너머의 생동감…… 아!'

"솔직히 무슨 말인지 잘 모르겠습니다."

"그런가? 너무 걱정하지 말게. 지금까지 한 말을 한마디로 줄이면 '글을 살아 있게 만들어야 한다'는 얘기니까. 마찬가지로 내가 비록 그림자의 모습으로 등장했지만 나의 모습을 입체적으로 바라봐 주기를 바라네. 나는 형태만 그림자이지 피가 끓고 있는 살아 있는 그 무엇이니까."

설마 저 그림자가 밥도 먹고 땀도 흘리고 화장실도 간다고 말하고 싶은 건 아니겠지?

사실, 그림자 선생이 하는 말에 집중할 수 없는 데는 이유가 있었다. 내가 지금 '글쓰기에 대한 두려움'에 처해 있다는 걸 그는 알고 있을까? 만일 이 두려움을 극복하지 못하면 그림자가 아니라 그림자 할아버지가 와도 소용없을 것 같았다.

"그림자 선생님, 질문 있습니다."

그림자 선생은 언제 가져왔는지 김이 모락모락 피어오르는 주전자를 들고 커피 잔에 따르고 있었다. 물론 주전자와 커피 잔, 심지어 김도 그림자였다.

"오, 질문이라고? 좋지, 좋아. 병에는 의사가 필요하고, 질군에는 선생이 필요하지. 궁금한 게 있으면 겁먹지 말고 물어보게나."

"바로 그겁니다. 제가 지금 겁을 집어 먹었습니다."

"겁이라? 그건 어떤 음식인가?"

이곳 5층 집에 대해서 내가 말할 수 있는 단 한 가지는 이들에게는 유치한 유머 감각이 있다는 점이다.

"그래, 농담이야. 먹을 게 없어서 설마 겁을 먹지는 않았을 테니까. 자네가 먹었다는 그 겁은 과연 무엇이지?"

"글쓰기에 대한 자신감이 없습니다. 어쩌면 투고한 뒤에도 안절

부절못한 이유가 혹시나 사람들이 내 글을 비웃을까 봐 두려웠기 때문이었던 것 같습니다.”

“자존심이 강한 친구군. 뭐, 그런 자기 인식도 때에 따라 쓸모는 있지만 자신을 보호하기 급급한 나머지 작은 일에 인생을 허비할 수 있으니 주의하게나.”

그림자 선생이 커피 한 모금을 마셨다.

“두려움을 없애는 방법은 두 가지가 있지. 하나는 글을 잘 쓰면 돼. 그렇지? 그러면 아무도 자네 글을 두고 뭐라고 하지 않을 테니까. 둘은 시치미를 떼는 거야.”

“시치미요?”

“매사냥을 할 때 매의 발목에 이름표를 붙여두지. 주인이 있다는 표시야. 그게 시치미야. 시치미를 떼면 어떻게 되겠나?”

“주인을 못 찾겠지요.”

“맞았어. 누가 쓴 글인지 모른 척하고 있으면 된다는 말이야.”

“아니, 그럼 제 이름으로 발표하면 안 된다는 뜻인가요?”

“그럼, 자네 이름으로 발표하는 글이라면서 왜 그렇게 부끄러워하는가? 자네 뭐 잘못했나?”

“그건 아닙니다만.”

“아니지, 아닐 거야. 물론 사람들은 자네가 초보저자이니까 이런 것은 감안해주어야 해, 하고 배려하지는 않을 거야. 그렇지만 자네가 초보저자라는 것을 스스로 인정하면 간단히 해결되는 문제야. 이렇게 말하면 그만이라고. 선생님, 제 글에 부족한 부분이 무엇인지 지적해 주시면 제 글이 발전하는 데 큰 도움이 되겠습니다. 그런 마음도 없이 어떻게 글을 쓰겠다는 것인가."

"아, 그렇군요."

말은 그렇게 했지만 속까지 후련한 것은 아니었다. 그림자 선생이 말을 이었다.

"책을 출간하는 것을 어떤 사람들은 출산의 고통의 비유하지."

많이 들어본 얘기였다. 그만큼 힘들다고 하는데 솔직히 아이를 낳아본 건 아니니까 어떤 느낌인지는 모르겠다.

"출산의 고통에 비유하는 이유는 아이 낳을 때처럼 그렇게 힘들기 때문이 아니야. 방점은 '고통'이 아니라 '출산'에 있다고. 출산을 한다는 말은 나와 분리된 생명체를 낳는다는 말이지?"

"그렇습니다."

"분리되었다는 말은 이젠 내가 어떻게 할 수 없다는 뜻이 아닌가?"

"돌봐주기는 해야 되잖아요?"

"그렇기는 하지만 지금은 그런 얘기가 아니지. 예를 들면 엄마가 순대와 떡볶이를 먹는다고 아이가 배가 부른 건 아니지?"

"그렇죠. 엄마가 먹는다고 아이가 배가 부르진 않죠."

"엄마가 해열제를 먹는다고 아이의 뜨거운 이마가 식는 건 아니잖아?"

"당연한 얘기죠."

"그 말은 이제 둘은 분리된 생명체라는 말이야. 책과 저자도 마찬가지. 저자가 책을 '출산'했으니 책은 더 이상 저자의 것이 아니라고. 그런데 왜 책에 쏟아지는 비난을 저자가 받아야 한다는 말인가?"

"아니, 그게 무슨 말입니까? 그러면 저자는 책에 대해서 아무런 책임도 없다는 말인가요? 그건 아니지 않습니까?"

"예컨대 어느 저자가 10년 전에 글을 썼는데 이제는 생각이 달라져서 전에 썼던 내용과 전혀 다른 이야기를 하게 되었다고 가정해 보게. 실제로 그런 일은 비일비재하지. 시인들은 평생을 같은 시세계만 그리는 게 아니라 성장을 통해서 전과 다른 시세계를 그리곤 하지. 계속 발전하는 저자가 있다는 말이야. 만일 10년 후 내가 쓰는 이야기가 이전과 달라졌다면 지금의 나는 10년 전 책과 어떤 관계일까? 나는 지금 생각이 달라졌는데 10년 전 책은 지금의 나와 무슨 관련이 있냐는 질문이네."

그의 의도를 헤아릴 수 없었다. 그냥 묻는 대로 답할 수밖에.

"관련이 아주 없진 않겠지만 10년 전만큼 확실한 관계는 아니겠지요."

"그렇지. 그 말은 말이야, 저자가 발전했다는 얘기겠지?"

"그렇죠."

"그가 발전한 걸 우리는 어떻게 아는가?"

"10년 전 책과 지금의 책을 비교하면 되지요."

"그가 발전했다면 그가 출발한 곳이 있을 텐데 그게 어디인가?"

"10년 전 그 책이겠죠."

"그렇지. 그는 10년 전에 책을 썼기 때문에, 설령 그게 마음에 들지 않았더라도 말이야, 그래서 10년 뒤에 책을 쓰면서 발전을 이룰 수 있었다고. 만일 자네가 지금 두려움을 이기지 못해서 아무런 책을 쓰지 못한다면 10년 뒤도, 발전도 기대할 수 없게 된다네. 두려움에 함락당해서 지금 도전을 포기한다면 10년 뒤라는 말은 불가능한 거지. 한 번 일어난 두려움을 무슨 수로 없애겠는가? 대신 두려움을 극복할 만한 더 큰 목표를 세우는 게 지금 자네가 할 일이야. 어때? 10년 뒤에도 책을 쓰고 싶은가?"

"네, 이 길로 들어섰을 때는 한 번 쓰고 말자는 생각이 아니라 계속 글을 쓰겠다는 생각이었습니다."

"좋아. 그럼 됐어. 두려운 마음은 분명 있지만 이제 두려움은 작아졌어. 큰 목표 옆에 자네의 두려움을 갖다 두었더니 원래 크기는 변함이 없지만 희한하게도 자네의 두려움이 줄어들었네. 크기는 그대로인데 작아졌다는 말이야."

두려움을 없애려고 하지 말고, 두려움 옆에 목표를 가져올 것! 그 말은 내 정신을 바짝 잡아주었다. 여자는 약하지만 엄마는 힘이 세다는 말도 이와 같지 않은가. 지켜야 할 자식이 있을 때 엄마는 더 이상 여자가 아니다. 가야 할 목표가 있을 때 두려움은 더 이상 나를 가로막지 못한다.

"오! 그 표정 좋은데."

그림자 선생이 커피 한 모금을 홀짝이며 말했다.

"선생님, 이제 두려움을 이기는 방법은 알았습니다."

"좋아. 그렇다면 본문 쓰기로 넘어가지."

그림자 선생은 커피 잔을 테이블에 내려놓고 자세를 바르게 취했다. 여전히 그는 음성이 아니라 말풍선으로 대화를 이어갔다. 그의 강의 내용은 다음과 같다.

본문,
이렇게 써보자

① 얼마나 써야 할까?

초보저자들이 가장 궁금해 하는 것 가운데 하나가 원고를 '얼마나' 써야 하느냐 하는 점이야. 얼마나 써야 할까? 일단 출판사 입장에서 말하자면 '조금 더 많이'가 정답이야. 편집자들은 부족한 원고를 채워 넣느라 고생하느니 원고가 차고 넘치는 상태에서 약한 원고를 쳐내려가는 것을 선호한다고. 만일 가능하다면 '많이' 쓰는 게 답이야.

그래, 알아. '많이 써야 한다'고 하면 부담스러운 게 사실이지. 아마 3층에서 원고 분량에 대한 이야기를 들었을 거야. 그 멍멍이는 아마도 A4로 60매(원고지 약 500매)만 있어도 된다고 했을 테지? 그게 마지노선이라고 생각하면 돼.

원고 최소 분량 : A4 60매

물론 이 분량은 한글이나 MS워드 등 문서작성 프로그램에서 설정값을 디폴트로 했을 때를 기준으로 해. 무슨 말인가 하면 문서 사이즈는 A4, 글자 크기는 10포인트, 줄 간격은 160으로 맞춰놓고 계산한다는 말이지.

문서 사이즈 : A4

글자 크기 : 10포인트

줄 간격 : 160

(* 분량을 체크하기 위한 것이니까 굳이 이 값으로 문서를 작성할 필요는 없어. 글자 크기 11포인트, 줄 간격 180으로 하고 작성하면 글자도 시원시원해서 작업하기 편하지. 다만 분량을 확인할 때는 위의 값으로 바꾸어서 계산하라고. 혹은 '한글'의 문서정보에서 분량을 확인하면 원고지로 몇 쪽이 나오는지 알 수 있어.)

이 정도 분량을 책으로 만들면 180~200페이지까지 나온다고 들었지?

② 하루에 얼마나 쓸까?

하루에 얼마의 원고를 써야 하는지 정해진 건 없지만 이렇게 생각해 보자고. A4 60매를 채운다는 말은 A4 1페이지짜리 꼭지를 60

개 쓴다는 말이거든. 그렇다면 하루에 A4 1장씩 쓴다면 60일이면 한 권의 책을 쓸 수 있다는 말이야.

물론 한 꼭지를 A4 2페이지로 잡는다면 이틀에 한 꼭지만 써도 되겠지. 아마 목차를 세부적으로 잡았다면 몇 개의 꼭지가 있는지 알 거야. 그에 맞게 계획을 세워서 하루에 쓸 양을 정해 보라고. 사실 두 달 만에 책을 쓴다는 것은 쉬운 일이 아니야. 여유 있게 세 달 이상으로 계획을 세워도 이상 없다고(사람에 따라 원고 집필 기간은 천차만별이야. 내가 아는 사람은 한 달 만에 A4 70매를 채워서 왔지. 또 어떤 사람은 1년이 지나도록 절반도 못 쓴 사람도 있다고. 이건 자네가 하기 나름이야.).

참, 한 꼭지의 분량은 사실 조금 적어지는 게 요즘 추세야. 지하철을 타는 짧은 시간 동안 읽을 수 있을 만한 분량을 생각한다면 A4 2/3페이지 정도가 한 꼭지 분량으로 적당할 수 있어.

모든 꼭지의 분량이 똑같을 필요도 없지. 조금 긴 것도 있을 것이고, 조금 짧은 것도 있겠지. 만일 너무 길어지면 중간에 소제목을 넣어서 읽기 지루해지지 않도록 만들면 돼. 한 꼭지의 분량은 각자의 상황에 맞게 조정해 보자고.

무엇보다 중요한 건, 본문 쓰기라는 부담감을 조금이라도 줄이려면 '하루에 한 꼭지씩 쓰는 것'으로 계획을 잡는 게 좋아. 그러려면 목차를 보다 구체적으로 만들 필요가 있지. 원고를 쓰는 도중에 목차가 이상하다고 느끼면 곤란하지 않겠어? 그래서 목차를 이리 보고 저리 보면서 예뻐 보일 때까지 다듬은 뒤에 이 정도면 됐다 싶을 때 하루에 얼마나 써야 할지 계획을 세우는 게 좋지(그렇다고 목차를 100% 완벽히 짜놓을 필요는 없어. 현실적으로 불가능한 부분도 있고 말이지. 최소 70% 완성도를 갖고 있으면 충분해. 다만 그 70%는 바로 원고를 쓸 수 있을 만큼 디테일해야 해.).

자, 앞으로의 이야기도 '한 꼭지를 어떻게 쓸 것인가?' 하는 문제로 생각하고 들으면 도움이 될 거야.

③ 주장과 근거

하나의 글을 이루는 요소는 크게 두 가지로 나뉘어. 하나는 주장이고, 다른 하나는 근거야. 전통적으로는 이 둘을 '주제'와 '소재'라고 나누어서 부르지. 이걸 '메시지'와 '경험담'으로 바꾸어서 말해도 상관없어.

주장 = 주제 = 메시지

근거 = 소재 = 경험담

주장이란 내가 하고 싶은 말이야. '그래서 결론이 뭐니?'에 대한 답이지. 좋은 대학을 가려면 어떻게 해야 할까? 과거에는 '국영수'라는 한마디로 모든 게 통했다면 지금은 그게 전부가 아니지. 대학마다 전형이 달라졌잖아? 입시가 매우 복잡해졌어. 요컨대 지금은 입시컨설팅을 통해 '내가 잘하는 분야 등을 찾고, 해당 기준으로 신입생을 선발하는 대학을 찾는 게 핵심이다'라는 말로 바뀌었는데,

만일 이렇다면 이 꼭지의 결론은 '입시컨설팅을 통해 나와 궁합이 맞는 대학을 찾는 게 답이다'가 되겠지. 이에 대해 여러 근거를 댈 수 있을 거야. 이때 근거에는 입시컨설팅을 통해 궁합이 맞는 대학을 찾아서 좋은 대학에 간 입시생의 사례도 있을 테고, 입시전문가의 이야기나 대학교 입시 담당자의 이야기도 좋은 자료가 되겠지. 혹은 나의 경험담도 아주 좋은 근거가 될 거야.

근거를 댈 때는, 당연한 이야기지만, 아무거나 갖다 쓰는 게 아니라 권위가 있는 자료 중심으로 마련해 놓는 게 좋아. 독자는 판사의 입장에서 저자가 제시한 근거를 보고 그 주장에 일리가 있는지 없는지 판단을 내리기 때문이지.

다시 한 번 강조하지만 주장/근거, 주제/소재, 메시지/경험담 등 뭐라고 부르든 상관은 없어. 다만 하나의 꼭지는 이처럼 두 가지 요소로 이루어졌다는 점은 기억해야 해.

글을 쓰기 전에 주장과 근거를 찾아서 나열해 놓기만 해도 좋아. 그러면 첫 단추는 꿴 것이니까.

④ 주장(주제/메시지)을 꽉 붙들고 있어야 한다

많은 초보저자가 실수하는 것 가운데 하나가 이 꼭지에서 이야기하려는 주제가 무엇인지 확실히 정하지 못한다는 점이야. 주제는 손에 쥐듯 명확해야 해. 그래서 하려는 이야기가 뭐야? 하는 질문을 받으면 답이 척척 나와야 한다는 말이야. 그게 해당 꼭지의 제목이 될 때도 많으니까 더 중요하지(꼭지 제목을 못 잡는다는 말은 주제가 애매하다는 말이 되기도 해.).

영화 〈흐르는 강물처럼〉에 보면 목사 아버지가 큰아들에게 숙제를 내주는 장면이 나오지. 숙제는 빈 종이 한 바닥을 꽉 채우는 작문이야. 다 써서 제출하면 아버지는 틀린 글자나 표현을 고쳐주고 아들에게 작문지를 돌려줘. 그러면서 이렇게 말하지. "반으로 줄여 와." 아들은 작문을 반으로 줄여서 다시 검사를 받아. 아버지는 역시 오탈자를 고쳐준 뒤 '다시 반으로!' 하고 지시하지. 그렇게 몇 차례 되풀이하면 이제 남는 건 달랑 몇 문장이야. 이 과정을 통해 큰아들은 이 글에서 내가 하려고 했던 말이 무엇인지 알게 돼. 주제 파악이 되는 거지.

하나의 꼭지 글을 쓰기 전에 반드시 '내가 이 꼭지에서 하려는 말이 무엇인지' 스스로 정리하는 시간을 가져야 해. 하고 싶은 말이 명확하지 못하면 아무리 글의 소재가 차고 넘치더라도 글이 잘 나오지 않을 거야. 설령 몇 문장은 쓰더라도 어떻게 끌고 가야 할지, 어떻게 맺어야 할지 앞이 보이지 않을 거야. 가야 할 곳이 정해져 있지 않기 때문이야. 메시지(혹은 주제, 결론)가 불분명한 원고는 독자를 헷갈리게 만들어. 애매모호함은 글쓰기의 적이야. 확실해질 때까지는 움직이지 않는 게 상수야. 자, 다음 내용을 기억하라고.

- 주제란 나침반이다

: 주제가 없으면 다음 한 줄을 어떻게 써야 할지 감이 오지 않는다. 물론 쓸 거리가 없을 때도 글을 못 쓰는 건 마찬가지다. 그러나

주제만 있다면 재료야 어떻게든 모을 수 있지 않겠는가.

- 주제란 가늠자이다

: 주제가 애매하면 내가 쓴 글에서 어떤 문장, 내용이 불필요한지 판단할 수 없게 돼. 원고가 뒤죽박죽된다는 말이야. 주제라는 자로 본문을 재보면서 불필요한 내용은 빼고 부족한 내용은 추가해야 한다고.

⑤ 나의 경험은 최고의 글쓰기 재료!

글의 재료에는 여러 가지가 있는데 이 가운데 가장 중요한 게 나의 경험담이야(물론 경험담이 필요 없는 원고도 있으니 그건 잘 판단해야 해.). 여기서 잠시 경험담 이야기를 해보자고.

자네가 처음 들어왔을 때 '나는 그림자이지만 생명이 있는 존재다'라고 말했어. 기억하나? 마찬가지로 글도 자음과 모음의 조합일 뿐이지만 그 안에는 피와 땀과 뼈와 심장이 있다는 걸 이해해야 하네. 사람들이 책을 구매하는 건 단순히 가나다의 조합이 아니라 누군가의 삶이란 말이야.

이때의 삶이란 삶 전체가 아니라 책의 주제와 관련된 저자의 경험과 지혜야. 만일 독자들이 그런 경험과 지혜를 필요로 한다는 걸 안다면 자네는 어디에서 소재를 구해야겠는가? 당연히 저자의 경험이겠지? 아마도 3층의 그 멍멍이한테서 '요즘 자기계발서에는 저자의 성공 경험이 들어간다'는 말을 들었을 거야. 많은 경우, 저자의 경험은 원고의 핵심 소재가 된다고.

경험담을 쓸 때 주의할 게 있어. 모든 경험이 아니라 주제와 연관된 경험이어야 한다는 점이야. 자네의 삶을 하나의 선(line)에 비유할 수 있겠지. 이 가운데 책의 주제 혹은 한 꼭지의 주제와 연관된 이야기만 발췌하여 주제에 맞게 재단하는 거야. 다음 예를 보자고.

– 나는 1980년 목포에서 태어났다. 어렸을 때는 개구쟁이였다. 친구들을 이끌고 온 동네를 돌아다니면서 짓궂게 장난을 쳤다. 눈이 내리면 밤에 나가서 비탈길에 물을 뿌려서 거친 표면을 미끄럽게 다듬어놓았다. 근처에 다 태운 누런 연탄이 눈에 띄면 아무도 못 찾게 꼭꼭 숨겨 놓았다. 다음날 아침 일찍 일어나서 골목에 숨어서 누가 넘어지나 낄낄거리며 구경했다.

이 이야기를 보면 저자가 대단한 장난꾸러기라는 걸 알 수 있지. 그러나 이 내용들은 중간에 생략이 있어. 밤에 비탈길로 나오기 전에 저녁도 먹었을 것이고, 숙제를 해야 했을지도 몰라. 아버지가 귀가하셔서 용돈 좀 달라고 조르다가 엄마한테 등짝을 맞았을지도 모르지. 아무튼 많은 사건이 있지만 이 가운데 '장난꾸러기'와 연관된 이야기만 남기고 다 빼는 거야. 이게 '주제와 연관된 경험담'이지.

물론 경험담이란 꼭 옛 이야기일 필요는 없어. 주식 투자 경험이 있다면 어떤 이유로 하게 되었는지(꼭 필요한 건 아니야), 얼마나 투자했는지, 어떤 종목을 샀는지, 어떤 방법을 썼는지, 얼마의 기간

동안 얼마의 수익을 거두었는지, 나의 투자 철학이 무엇인지 적으면 그게 '경험담'이야. 실험이나 조사도 마찬가지지. 조사 과정을 쓰면 그게 경험담이야.

| Summary |

① 경험담을 쓸 때는 주제와 연관된 내용이어야 한다.

② 경험담이란 어린 시절의 경험처럼 어떤 스토리일 필요는 없고, 과정이 담기면 된다.

⑥ 흐름을 세워라

주제와 소재는 이 정도면 된 것 같고, 그렇다면 이제 글을 써보자고. 글을 쓸 때는 '흐름'을 생각하는 게 좋아.

예를 들어 볼까? 쓰려는 글의 메시지가 '스낵 컬처 시대, 인터넷 접속 시간은 점점 늘어난다'라고 해 보자고. 스낵 컬처는 과자 먹듯이 가볍게 소비하는 문화를 말하잖아? 만일 이런 이야기를 하려면 어떤 흐름이 필요할까? 먼저 현상이 필요하겠지?

- 낯익은 지하철 풍경이 있다. 거북목 자세로 손바닥만 한 휴대폰을 들여다보는 사람들의 모습이다. 다음 역에서 하차하는 사람도 예외 없이 휴대폰을 켠다. 한 정거장을 달리는 데 걸리는 시간은 불과 2분. 이 짧은 시간 동안 사람들은 엄지 스크롤을 통해

입맛에 맞는 콘텐츠를 찾는다. 차분히 글을 읽을 만한 시간이 아니기 때문에 이때 소비되는 콘텐츠는 주로 만화나 캐주얼 게임, 혹은 카톡이나 짤막한 신문기사, 쇼핑 정보, 맛집 정보, 레시피, 연예 정보가 주를 이룬다. 이 콘텐츠들의 소비 시간은 짧으면 수 초 내외에 불과하다. 정독하고 숙고할 만한 콘텐츠는 없다. 자투리 시간을 효율적으로 활용할 수 있도록 가벼운 콘텐츠가 주로 이용된다. 그러나 흥미롭게도 이 자투리 시간을 활용한 소비 방식은 과거 PC 시절보다 온라인에 더 오래 접속하게 만드는 기현상을 낳는다.

이런 식으로 현상을 언급하며 주제로 접근해 가는 방법이 가능할 거야. 그 다음, 신뢰할 만한 누군가의 증언이 등장하면 좋겠지.

-"스마트폰은 24시간 끄지 않기 때문에 언제든 가볍게 들어갔다가 가볍게 빠져나올 수 있습니다. 반면 PC는 쓰지 않을 때는 전원을 꺼야 하고, 켤 때는 구동시간이 상대적으로 길기 때문에 접속이 용이하지 않은 거죠."
IT 전문가 아무개의 말이다.
스마트폰을 통해 인터넷에 접속하는 데 걸리는 시간은 매우 짧다. 홈 키 누르고, 패턴 등 잠금해제 하고, 인터넷 아이콘 누르면 바로 접속된다. 불과 5초도 안 되는 시간 안에 앱을 구동할 수 있고, 또한 휴대가 가능하다는 장점 때문에 짬짬이 쓰기에 더 없이 좋다.

어때? 이렇게 공신력 있는 사람의 멘트를 인용하여 휴대폰이 '접속의 용이함' 때문에 더 자주 사용하게 된다는 것을 부연설명하고 있어. 물론 이것만으로는 인터넷 접속 시간이 왜 더 늘어났는지 확실하지는 않지. 내용을 이어가볼까?

- 물론 앱 구동 시간이 짧다고 인터넷 접속 시간이 늘어나라는 법은 없다. 스마트폰의 대대적 보급기에 PC 게임 시장에서 모바일 시장으로 전환하여 대성공을 거둔 업체 중에는 초기 이런 가설을 세운 사람들도 있다. '모바일 게임 유저들은, PC 시절의 하드 유저들보다 가볍게 접속하기 때문에 사용 시간이 줄어들 것이다.'
게임업체가 이런 가설을 세운 이유는 사용 시간에 따라 콘텐츠의 양을 조절해야 하기 때문이다. 만일 유저가 하루에 5시간씩 게임을 플레이할 것으로 예측하면 게임회사는 하루 5시간짜리 콘텐츠를 제공해야 한다.
그런데 이들의 예측은 보기 좋게 빗나갔다. 모바일 게임업체는 서비스를 런칭한 지 불과 1개월 만에 콘텐츠 부족 현상에 직면했다. 그들의 초기 예측대로 한 번 접속할 때 머물러 있는 시간은 매우 짧았지만 1일 접속 횟수는 놀랄 만큼 증가했다.
나아가 2개 이상의 디바이스를 소유하는 유저가 늘면서 하루 종일 게임을 켜두는 일도 벌어졌다. 휴대폰으로는 캐주얼 게임이나 카톡, 전화/문자메지시 등을 쓰고 태블릿PC로는 MMORPG 등 PC 시절 못지않은 하드한 게임 등을 하루 종일 돌리는 일이 생긴 것이다. 물론 여기에는 '유저의 게임 플레이 방식의 변화'를 기회로 보고 '자동전투'를 도입한 게임사의 발빠른 대처도 일조한다.

"24시간 켜두어도 되는 모바일 기기의 특성에 맞게 하루 종일 게임을 하는 게 이론적으로, 그리고 현실적으로 가능해진 셈입니다."

게임업체 A 대표의 설명이다.

어때? 이렇게 풀어서 쓰니까 진짜 모바일 사용 시간이 늘어났다는 게 느낌이 오지? 그리고 마지막으로 결론이야.

– 스낵 컬처라는 단어는 마치 간식을 먹는 듯한 느낌을 주는 단어이지만 실제로는 과거와 다른 의미에서 헤비 유저들을 양산하고 있는 셈이다. 콘텐츠에 대한 충성도는 PC 시절보다 높지는 않지만 인터넷 접속 시간은 비교할 수 없을 정도로 늘었다.

결론을 보면 제목과 약간의 차이가 있다는 점을 알 수 있어. 여기서는 과거의 헤비 유저와 다른 양상임을 강조하면서 '인터넷 접속 시간이 늘었다'는 결론으로 간다고.

이 정도의 글이라면 하나의 꼭지로 무리는 없을 것 같아. 자세히 보면, 저만치에 주제를 놓고 여기까지 도달하기 위해 몇 가지 징검다리를 놓아서 독자들이 밟고 건널 수 있도록 만들었음을 알 수 있어. 이런 게 '흐름'이 되는 거야. 글을 다 쓰고 난 뒤에는 다음 내용을 점검해 보자고.

- 흐름을 살핀다는 말은 '논리 전개'가 무리가 없는지 살피는 거야. 중간 생략하고 껑충 건너뛰면 그걸 '논리적 비약'이라고 하지? 글을 다 쓴 뒤에는 중간에 징검다리가 잘 놓여 있는지 확인해 보라고.

- '흐름'이라는 단어를 보면 알겠지만 글은 역주행을 하면 곤란해. 이야기는 마치 강물처럼 위에서 아래로 흘러야 해. 동연히 앞에 했던 이야기가 미진하다고 해서 다시 돌아가면 안 돼. '미진한 내용'이라고 느낀다면 그게 주제에 맞는지 따져본 뒤에 필요하면 넣고, 그게 아니면 빼는 게 좋아.

- 이때 '흐름'이란 지류가 아니라 본류라는 걸 명심하자고. 종종 글을 쓰다 보면 옆길로 새는 사람이 있어. 이건 '주제', 즉 목표가 명확하지 않기 때문에 생각이 옆으로 샌 거야.

- 글을 '흐름'이라고 한다면 첫 문장은 어딘가에서 발원한 물줄기

에 해당할 거야. 그 물줄기가 다른 물줄기와 만나면서 폭을 얻지. 그리고 다시 새로운 물줄기를 만나면서 깊이를 얻게 돼. 이제 강물이 된 물줄기는 유유히 흘러서 바다로 향하게 되는 거야. 이런 강물을 상상하면서 글의 흐름을 머릿속으로 그려보라고.

| Summary |

① 흐름을 고려한 글쓰기는 우선, 배경을 설명하며 주제를 꺼낸다.

② 공신력 있는 정보 등을 통해 주제를 뒷받침한다.

③ 주제에 대한 근거를 든다.

④ 결론을 짓는다.

⑦ 객관적 글쓰기

마지막으로 '독자 설득'이라는 차원에서 본문 쓰기에 접근해 보자고.

1층의 출판사 대표를 기억할 거야. 그 자가 했던 말이 있어. '독자는 마치 신입개그맨을 뽑는 면접관처럼 팔짱 끼고 당신을 지켜볼 거다'라는 내용이야. 독자는 매의 눈으로 자네를 보고 있다는 사실을 기억한다면 우리는 글을 어떻게 써야 할까?

자네는 카네기 처세술(요즘은 다른 제목으로 불리지?)을 본 적이 있을 거야. 하루는 카네기가 어느 행사에 갔다가 식물학 박사(맞는지는 정확하지 않군.)를 만나서 대화를 나누었다네. 그런데 말이 대화지 카네기는 식물학 지식이 없으니까 거의 일방적으로 듣기만 했다는군. 아마 추임새 몇 마디와 중간 중간 질문을 던지는 정도였겠지. 그렇게 둘이 장시간 이야기를 나눈 뒤, 그 식물학 박사가 카네기에게 했던 말이 뭔지 기억하나? 맞아. '당신은 참 식물학에 대해서 식견이 뛰어나시군요.' 카네기는 그 에피소드를 언급하면서 '경청의 힘'에 대해서 말했지. 우리가 이 이야기에서 얻어야 할 교훈은 조금 달라. 그건 '말하지 않기의 힘'이야.

일반적으로 사람은 타인이 하는 말을 잘 듣지 못하는 경향이 있어. 달리 말해, 경청을 힘들어하지. 동의하는가? 반대로 자기가 이야기를 주도하고자 하는 경향이 있지. 만일 이런 심리를 우리가 안다면 우리는 독자로 하여금 말을 하도록 유도하는 방법을 쓸 수 있다고.

뭐라고? 그래, 맞아. 책을 보면서 독자가 혼자 중얼거리게 해야 한다는 뜻이 아니야. 책이라는 매체는 저자가 일방적으로 자기주장을 펼치도록 되어 있어. SNS처럼 실시간 쌍방향 커뮤니케이션이 불가능하지. 하지만 방법이 있다고.

독자에게 말을 하게 한다는 것은 '대화'의 주도권을 독자가 쥐도록 해준다는 뜻이야. 이 말은 판단의 몫은 독자에게 있다는 것을 저자가 충분히 인지한다는 말이지. 어떻게? 판사를 우러러보고 있는 검사처럼 객관적인 자료만 제시하는 거야. 절대 섣부르게 결론을 꺼내지 않고 뒤로 미루는 거야. 결론, 즉 판결은 판사(독자)가 하도록 하는 방법이지.

한마디로 '근거는 내가 제시합니다. 당신은 판단만 하세요.' 하고 권한을 독자에게 이임하는 거야.

카네기 이야기를 통해 우리는 '말하지 않기의 힘'에 대해서 말했어. 이때 말하지 말아야 할 것은 '섣부른 결론'이 될 거야. 독자가 준비되지 않은 상태에서는 절대 결론을 언급하지 않는 거야. 그럼, 원고의 대부분은 무엇으로 채워야 해? 그렇지, 객관적인 자료로 가득 채우는 거야. 원고는 문제 제기와 근거로 99%가 채워져 있어. 그걸 다 읽고 난 독자는 나머지 1%, 즉 저자가 말하지 않은 1%를 받아들일 준비를 하는 거지. 그러므로 이 정도면 충분히 독자가 알아들었을 것이다, 하는 지점에서 결론을 정리하면 좋겠지. 어쨌든 밥을 떠먹여 주는 게 아니라, 밥을 먹을 수 있도록 만드는 거야. 그게 '주장을 노골적으로 드러내지 않기', 즉 '말하지 않기의 힘'이야. 마지막 퍼즐은 독자가 맞추도록 내버려두는 방법이지.

근거도 희박한데 주장만 하면 그 글은 대개 '잔소리'가 되고 말지. 잔소리 들어봤지? 잔소리는 대개 충분히 납득할 만한 설명 없이 일방적으로 '하지 마라', '해라'는 식의 이야기잖아? 근거는 부족하고 노인네처럼 주장만 하면 독자는 귀를 막아버리고 싶다고.

독자의 마음을 열려면 '객관적 기술'이 가능해야 해. 저자가 지금 자신이 쓰고 있는 이야기에서 한 걸음 물러나야 한다는 말이야. 소설에 1인칭 서술기법과 3인칭 서술기법이 있어. 1인칭은 주어가 '나는~'으로 시작하는 소설을 말하고, 3인칭은 주어가 '그는'이나 '그

녀는' 혹은 '아무개는' 하고 시작하는 소설을 말해. 보통 1인칭 소설이라면 자기가 주인공이니까 자기가 하고 싶은 말을 다 하는 것이라고 생각하지. 그런데 1인칭 소설이란 마치 '그'나 '그녀'를 관찰하여 쓰듯 '나'를 관찰하여 쓴다는 말이지, 내 마음대로 쓴다는 뜻이아니라고. 다시 말해 1인칭이냐 3인칭이냐는 관찰의 대상이 '나'냐 '그'냐의 차이일 뿐이지 객관적인 기술이라는 차원에서는 똑같다는 말이야. 마찬가지로 저자는 글과 일정한 거리를 유지해야 해. 그래야 객관적 기술이 가능해지고, 나아가 독자의 마음을 열 수 있게돼.

법정에 A와 B 두 남자가 앉아 있어.

A : 판사님, 저는 너무 억울합니다. 꾸지도 않은 돈을 빌렸다고 날마다 전화하고 집으로 찾아오는 통에 잠도 못 자고 밤마다 술을 마십니다. 마누라는 이게 다 무슨 날벼락이냐며 제게 이혼하자고 요구하고 있습니다. 아이들 얼굴 보기도 부끄럽고, 이웃집에서도 수군대는 통해 울화증이 다 일어납니다. 빌린 적도 없는 돈을 달라는 게 사람이 할 짓입니까?

B : 판사님, 첨부한 자료에 보시면 A 이름으로 작성된 차용증이 있습니다. 그 증서에는 빌린 액수와 갚기로 한 날짜가 적혀 있습니다. 또한 함께 제출한 자료는 제 통장 사본으로, 이체한 액수와 받은 사람 이름을 보시면 사실이 무엇인지 아시리

라 생각합니다.

내가 듣기로는 사실관계를 다툴 때는 B처럼 말하고, 사실관계가 확정되고 얼마의 형벌을 내릴지 결정할 때는 A처럼 말하라고 들었는데, 책으로 따지면 독자는 지금 사실관계를 따지는 사람이므로 A보다는 B처럼 말하는 게 효과가 있다는 거야. B처럼 말하는 게 바로 '객관적 기술'이야.

객관적 기술이란 단순히 증거뿐 아니라 태도까지도 말하고 있어. 내 생각을 드러낼 때도 그게 틀릴 수 있다는 점, 다른 생각의 여지가 있다는 점도 고려해야 해. 그런 자세가 객관적인 느낌을 줄 수 있거든.

객관적으로 기술되었는지 살피기 위해서는 다음 질문을 참고해 보라고.

1) 결론을 뒷받침하는 자료가 충분한가?
2) 논리적 비약은 없는가?
3) 내가 성급하게 결론을 말하고 있지는 않은가?
4) 설명보다는 보여주기를 활용했는가?

벽면의 그림자에 'The End'라는 단어가 크고 뚜렷하게 새겨졌다. 그림자 선생의 문자 강의가 끝났다. 반전이나 본론이 나올 법한 시점에서 갑자기 이야기가 툭 끊어졌을 때 나는 다시 한 번 깊은 절망의 수렁에 빠지는 기분이었다. 감을 잡을 수 없었기 때문이다.

"아직 얘기가 남아 있는 거죠?"

그림자 선생에게 물었다.

"물론 이게 전부는 아니지. 지금까지 들려준 얘기로 모든 글을 쓸 수 있는 건 아니니까. 글은 쓰는 사람마다 형태나 스타일이 다 다르다고. 하지만 내가 할 말은 이게 전부야."

"다른 방법을 알고 계시다면 알려주세요."

"아니, 몰라. 알고 있다고 해도 특정 분야에 대한 글쓰기에 대해서 난잡하게 이야기할 수 있을 뿐이야."

"제가 지금까지 읽은 '글쓰기' 책만 해도 한두 권이 아닙니다. 그 책들을 보면 정말 많은 이야기들이 담겨 있어요. 지금 전부 기억하기 힘들 만큼 많단 말입니다. 그런데 이게 전부라뇨? 제자에기 무책임하신 건 아닌가요?"

그림자 선생은 어디서 가져왔는지 그림자로 된 책 한 권을 꺼내서 차라락 페이지를 넘겨 본 뒤 옆에 놓인 쓰레기통에 휙 던져 넣었다. 어디선가 본 듯한 장면이었다. 아! 꿈꾸는 소년…… 뒤를 돌아보았다. 어딘가에서 그 털북숭이가 나를 쳐다보고 있는 것 같았다.

"숨어 있지 말고 나오세요."

방안 가득 내 목소리가 울려 퍼졌다.

"진정하시게. 누굴 찾는지 모르겠지만 숨어 있는 사람은 없어."

그림자 선생의 말풍선 대화를 본 것은 잠시 뒤였다.

"제가 아는 누군가가 여기 있는 것 같습니다."

“그게 누구지? 혹시 꿈꾸는 소년인가?”

“네, 그게 당신의 정체 아닙니까?”

“아니야. 오해 말라고. 꿈꾸는 소년을 나도 알고 있지. 그 사람 역시 자네처럼 ‘글쓰기 비법’에 대해서 알려달라고 아우성을 치다가 돌아갔다고.”

“아우성을 쳤다고요?”

“그 덩치 큰 남자가 바닥에 털썩 주저앉아서 ‘어떻게 해야 글을 잘 쓸 수 있는지’ 묻더군. 그래서 방금 자네에게 보여준 것처럼 책을 쓰레기통에 버렸지.”

“그건 무슨 뜻입니까?”

“보여준 그대로야. 버리라는 말이야.”

“배운 적도 없는데 뭘 버리라는 말입니까?”

“그게 내가 하고 싶은 말이야. 글쓰기는 책을 통해 배우는 게 아니야. 서점에는 수많은 글쓰기 책이 있지만 그걸 몇 권 읽는다고 글쓰기 천재가 되는 건 아니거든. 그건 어림 반 푼어치도 안 되는 소리야.”

“그렇다면 그 글쓰기 책들이 거짓말을 하고 있다는 말인가요?”

“아니, 자네가 자기 자신을 속이는 거야. 그 책들은 설령 제목을 ‘글 잘 쓰는 비법’이라고 달고 있더라도 그건 단지 제목에 지나지 않는 거야. 말하자면 자네에게 헬스클럽의 티켓을 끊어 준 것뿐이라고.”

“이해가 안 됩니다. 비유 들지 말고 쉽게 풀어주세요!”

“자네 손에 연필을 쥐어 준 것일 뿐이란 말이네. 이제부터 죽어라고 글쓰기 연습을 하라는 말이야.”

나는 넋 나간 사람처럼 흰 벽의 검은 그림자만 바라보고 있었다. 그림자가 다시 문장을 이었다.

“만일 글쓰기가 수학 문제 푸는 것처럼 공식만 알려주면 누구나 할 수 있는 일이었다면 왜 ‘글쓰기’ 책들의 독자들은 그 저자들처럼 시원시원하게 쓰지 못하는 것일까? 자네는 답을 알고 있나?”

그걸 내가 알 리가 있겠는가! 이대로 물러설 수 없었다.

“그래도 혹시나 좋은 방법이 있다면 알려주십시오.”

침묵의 시간이 흘렀다. 그림자 선생은 벽면을 타고 서성거렸다. 뭔가 생각하는 모양이었다.

“자네도 잘 알고 있는 방법일 거야. 그러나 흘려들었을 거야. 좋은 방법이라고 느끼지 못했기 때문이지.”

“아마 그럴 수도 있습니다. 그러나 지금 다시 듣고 싶습니다.”

“글쓰기를 배울 수 있는 방법 가운데 과거로부터 지금까지 유일하게 인정받은 것은 딱 두 가지야. 하나는 베껴 쓰기(필사)고, 다른 하나는 죽어라고 쓰기야.”

“그건 ‘노력하면 잘 될 겁니다’ 하는 말처럼 들리는데요?”

“지금까지 많은 문장가들이 ‘베껴 쓰기’의 중요성에 대해서 말했지. 하지만 별로 시도하는 사람이 없었다고. 하지도 않았는데 잘 쓰기를 바랄 수 있겠나? 내가 아는 어떤 작가는 말이야, ‘글은 거짓말 하지 않는다’는 명언을 남겼다네. 공부한 만큼 쓸 수 있는 게 글이라는 뜻이야. 태권도를 배울 때 날라차기를 하려면 그 전에 무수한 기본 동작을 익혀야 하잖아? 체력도 필요하고, 자세도 익혀야 해. 무작정 날라차기부터 하게 해달라고 떼를 쓰면 그게 과연 가능할까?"

"하지만 선생님!"

울화가 치밀었다. 콘셉트와 목차는 이제 그 요령을 손에 넣었다고 생각하고 있었는데 글쓰기에서 막히니까 이대로는 못 간다는 생각뿐이었다.

"제발, 이 불쌍한 초보작가를 위해서라도 방법을 찾아주세요."

그림자 선생이 한숨 푹 쉬었는데 금방이라도 입 냄새가 내 코까지 닿을 듯했다.

글쓰기에
요령이 있다면

좋아, 죽을상 하지 말게나. 내가 알고 있는 얘기들을 일단 다 들려줘 보지. 그러나 명심해야 할 것은 콘셉트나 목차는 '기획' 단계이기 때문에 '생각'만으로도 가능하다고. 그러나 글은 '실행' 단계이기 때문에 실제로 끼적여 보지 않으면 절대 진일보할 수 없다는 걸 잘 기억하게.

① 베껴 쓰기에서 내 스타일대로 쓰기까지

'글쓰기 배우기'를 '베껴 쓰기'에서 '나만의 글쓰기'로 나아가는 과정이라고 본다면 순차적으로 다음과 같이 나눌 수 있을 거야.

하나, 한 글자도 빼놓지 않고 똑같이 베껴 쓰기

둘, 주제와 흐름, 소재를 동일하게 가져가고, '표현'을 내 스타일대로 바꾸기

셋, 주제와 흐름을 동일하게 가져가고, '소재'와 '표현'을 내 스타일대로 바꾸기

넷, 주제만 동일하게 가져가고, 흐름과 소재와 표현을 모두 바꾸기

다섯, 주제부터 표현까지 내 스타일대로 쓰기

여기서 한 가지 알아둘 것은, 5번만 독창적인 저작물이 되는 게 아니고 때에 따라서 2~4번도 '출판에 무리가 없는 독창성'을 인정받을 수 있다는 점이야(보다 정확히 하기 위해서는 출판사 편집자에게 자문을 구하면 좋아.). 다만 '표현'은 저작권의 침해를 따질 때 매우 중요하게 다루고 있다는 점은 꼭 기억하자고.

어쨌든 이런 5가지 단계로 글쓰기 학습 과정을 나눌 수 있다고 가정하면 각자는 5번 독립적 글쓰기로 나아가기 위해 지금 어떤 단계의 훈련이 필요한지 스스로 찾을 수 있을 것 같아(다시 강조하지만 꼭 5번이 되어야 출판을 할 수 있다는 게 아니야. 2~4번 사이에서도 저작권 침해 없이 출판이 가능한 경우가 많으니까 꼭 확인해 보라고.).

참고로, 베껴 쓰기 등을 하려면 모델이 되는 글이 필요하지? 모델이 되는 글은 '내가 닮고 싶은 글'이 좋을 것 같아. 그 글을 되풀이해서 읽어보면서 '주제, 소재, 흐름, 표현' 가운데 내가 바꿀 수 있는 게 무엇인지 찾아서 그에 맞게 도전해 보자고.

이런 단계적 접근이 복잡하다고 느껴지면 그저 '모델 글'을 읽고 그 느낌을 갖고 자기 글을 써보는 방법도 좋아. '모델 글'을 되풀이해서 읽다 보면 어떤 감이 올 거야. '아, 이렇게 쓰는구나!' 하고 말이야. 잠시 타인의 힘을 빌리는 방법이지. 내가 그 사람이 되었다고 생각하면 자신감이 붙을 때가 있어. 그 기운을 살려서 내 글을 써보는 방법이야. 일종의 잔상 효과라고 할까?

② 녹취하기 – 글쓰기는 힘들고, 분량은 채워야 할 때

이 방법은 다른 책에서도 나온 것으로 기억해. 녹음기를 틀어놓고 강의하듯 말하는 거야. 청중 앞에서 하는 방법도 좋고, 혼자 해도 괜찮아. 녹음한 내용을 문장으로 풀면 1차 작업이 끝나지.

아는 사람 중에는 청중 없이 혼자 떠드는 게 불가능한 사람도 있었어. 청중과 소통하며 강의하는 게 익숙하다 보니 '청중 없는 강의'가 안 되는 것 같아. 하지만 말이야, 활용할 수 있다면 좋은 방법이니까 적극 추천해.

우선 콘셉트, 목차 등을 짠 뒤 강의안을 만들어서 어떤 이야기를 할지 정해. 다음, 녹음기에 녹음한 뒤 녹음한 내용을 들으면서 타이핑해서 녹취록을 만들면 돼. 그리고 최종적으로 그 녹취록을 문장 형태로 다듬어 보는 방식이야.

다만 구두로 한 말을 문장으로 바꾸는 과정에서 예전과 똑같은 문제에 봉착하게 될 수 있다는 점은 잊지 말자고. 이 방법은 글쓰기 실력을 키우는 데 목적이 있는 게 아니라 문장이 막히고 본문 쓰기에 진척이 없을 때 활용하는 게 목적이니까.

③ 두 번 쓰기 – 정리가 안 될 때

글이 잘 안 써지는 몇 가지 이유 가운데 하나는 '정리'가 덜 되었기 때문이야. 정리가 안 된 상태에서 글을 쓰면 글이 산으로 갔다 바다로 갔다 하지. 때로는 가방만 싸놓고 아예 길을 못 떠나기도 해. 만일 '정리'가 부족하다 싶으면 다음을 생각해 보라고.

- 이 글의 메시지(주제 혹은 결론)는 무엇인가? 한 문장으로 요약할 수 있는가?
- 원고에 쓸 재료는 충분히 모았는가? 만일 부족하다면 어디서 모아야 하는지 알고 있는가? 아니면 다양한 자료를 탐색해야 하는가?
- 주제와 재료 사이에 연관성이 분명한가? 재료가 주제를 잘 뒷받침하고 있는가?
- 재료 사이의 연결고리가 자연스러운가? 글의 흐름에 억지는 없는가?

이 4가지 내용을 혼자 생각해 보는 것도 한 가지 방법이고, 도움을 줄 수 있는 누군가와 대화를 통해 정리해보는 것도 좋은 방법이야(친구에게 고민상담 하다보면 스스로 문제가 풀리는 경우가 있잖아?). 상대가 정리의 왕이라면 큰 도움이 될 거야.

그러나 이것보다 확실한 방법이 있는데 그게 '두 번 쓰기'야. 글을 두 번 써보는 거지. 처음 쓴 글을 스케치라고 생각하고 가볍고 거칠게 그려보는 거야(이 단계에서 '정리'가 이루어져야 해.). 그런 뒤에 틀리면 안 된다는 생각으로 진짜 화판에 그리는 방식이야(앞 단계에서 '정리'가 끝났기 때문에 불필요한 건 제거되었겠지?). 이렇게 하면 한결 정리가 된 상태에서 글을 쓸 수 있게 되지. 한 번 써본 경험이 있기 때문에 글의 순서나 흐름, 주제 등이 더욱 분명해질 거야.

물론 무작정 첫 글을 버리고 두 번째 글을 쓴다고 나아지는 건 아니야. 새로 글을 쓰기 전, 첫 글의 문제점이 무엇인지 살피는 시간이 필요해. 자기가 쓴 글을 객관적으로 보는 일은 생각보다 어려워. 일단 객관적인 입장에서 자기 글을 보도록 해보고, 만일 힘들다면 누군가의 피드백을 구하는 게 좋을 것 같아. 또한 누군가 객관적인 시선으로 평가를 해주더라도 반드시 내가 납득할 수 있어야 해. 납득이 안 되면 아직 두 번째 글을 쓸 때가 아니야. 시간을 두거나 다른 책을 보거나 일단 시선을 돌렸다가 다시 첫 번째 글을 보면서 무엇이 잘못되었는지 찾는 데 시간을 들여 보자고.

④ 다양한 글쓰기 책들

다시 글쓰기 책들을 꺼내서 읽어 보는 방법도 나쁘다고 생각지 않아. 투고까지 했다면 원고를 탈고했다는 얘기인데 그렇다면 다시 읽으면서 의미를 새겨보는 것도 좋을 것 같아. 전에는 몰랐지만 글쓰기와 관련된 힌트를 새롭게 얻을지 몰라.

다만 글쓰기 책에 너무 큰 기대를 하면 곤란해. 자신의 글 쓰는 방식을 점검하는 차원에서 읽는 게 바람직해 보여.

⑤ 안 되는 문장은 어떡하지?

어떻게든 글은 쓰겠는데 문장이 거칠고 표현이 이상해. 어순도 뒤죽박죽이고 호응도 안 되고 서술어는 왜 이렇게 길어? 어휘는 단조롭고 '그래서, 그런데, 그러나' 접속부사는 한여름 잡초처럼 무성해. 어떡하지?

그래, 그런 문제가 발생할 수 있어. 그런데 말이야. 안 되는 문장을 억제로 다듬을 필요는 없다고 생각해. 물론 문장력을 키우기 위해 노력은 해야겠지만 출판사에 편집자들이 있다는 것도 기억하면 좋아. 그들은 최소한 문장을 뜯어고치는 힘을 갖고 있으니까. 물론 편집자마다 실력 차이는 엄연히 있지만 대체로 저자의 문장을 고칠 역량은 갖고 있다고 생각해. 그러니까 저자는 원고 생산에만 힘을 쏟고, 편집자가 마무리하도록 맡기면 되지. 물론 책에 따라 문장이 중요한 분야가 있어. 그러나 예쁜 문장 자체 때문에 책이 팔리는 건 아니야. 그보다는 '생각'이 더 중요하다고. 그런 마음으로 문장에 대한 부담은 살짝 내려놓자고.

⑥ 글쓰기의 유일한 재능

그리고 마지막으로 들려줄 말이 있어. 미국의 출판 편집자들을 대상으로 '세계적인 작가들의 공통적인 재능이 무엇이냐?'고 물은

적이 있어. 작가가 되려면 어떤 재능이 있어야 되는가, 어떤 재능을 길러야 하는가? 그런 질문이지. 답변은 다양했어. 그런데 가만히 답변들을 살펴보니까 딱 두 가지가 공통적으로 드러나더래. 바로 '끊임없는 열등감'과 '끊임없는 노력'이었다는 거야. '끊임없는 노력'은 이해가 되지. 그런데 이런 노력의 바탕에 '열등감'이 있었다는 말이야. '저 사람은 잘 쓰는데 왜 나는 못 쓸까?' 자네도 이런 생각해봤지? 유명 작가의 글을 보면서 '부럽다, 진짜 잘 쓴다.' 그런 생각이 들었잖아? 그게 이때 말하는 열등감이야('저 사람은 배운 게 많다. 저 사람은 환경이 좋다'는 따위의 부러움을 말하는 게 아니야.). 어쨌든 세상의 많은 작가들이 열등감을 느낀 건 똑같지만 누군가는 이 열등감을 극복하기 위해 노력했고, 반면 누군가는 의지를 북돋기는 커녕 열등감만 느끼다가 좌절에 빠지지. 첫 술에 배부를 수는 없어. 열등감은 넘어서라고 있는 거지 길을 막으라고 있는 게 아니거든. 파블로 카잘스라는 위대한 첼리스트는 90세가 넘은 나이에도 첼로 연습을 게을리 하지 않았지. 제자들은 스승의 모습에 의아했어. '선생님 그 연세에도 연습을 하십니까?' 그러자 카잘스가 대답해. '나아지고 있는 한 연습을 해야지.'

글쓰기는 평생을 연습해야 하는 거고, 책 쓰기는 중간 중간 앨범 발표하듯 정리해서 한 번씩 내는 거라고 생각하면 좋을 것 같아.

제5장

출간제안서 작성부터 계약, 인쇄, 출간과정 등 남은 궁금증들

마지막
질문의 방

마지막 문장이 하얀 벽면을 가득 메우고 난 뒤 방안은 태양이 떠오른 것처럼 밝아졌다. 벽면의 그림자는 한여름 백사장처럼 하얗게 증발했다. 그림자 선생이 '이제 4층은 끝마쳤으니 5층으로 가게나'라거나 '이제 하산하게나'라고 말해주기를 기다렸으나 끝내 모습을 드러내지 않았다.

오래 앉아 따뜻해진 소파에서 일어나 출구를 찾았다. 방에는 단 하나의 문밖에 없었다. 그 문은 위로 오르는 계단이었다(왜 들어온 문이 사라졌는지 아직도 이해하지 못한다.). 5층으로 오르는 발걸음은 무거웠고, 속도 개운치 않았으나 마음에 뭔가 웅크린 듯 조금씩 고개를 드는 게 느껴졌다. 오기였다.

'내가 못할 거 같으냐.'

계단을 쿵쿵 걸어 문 앞에 이르렀다.

5층은 방이 아니었다. 반투명의 둥근 덮개를 씌운 옥상이었다. 그곳에는, 이제는 더는 놀랍지도 않은 일이 벌어지고 있었는데, 6마리의 날개 달린 생물이 날아다니고 있었다(하도 날아다니는 통에 6마리인지 알게 된 건 나중이었다.).

"어서 오게."

"반가워."

"4층 그림자는 잘 있던가?"

저마다 한마디씩 뱉고는 다시 머리 위를 뱅뱅 돌았다. 덕분에 대답할 틈 없이 5층 한가운데까지 걸어갔다.

"거기까지. 더 올 필요 없다고."

그때 잠자리 한 마리가 헬리콥터처럼 제자리 비행을 하며 나를 멈춰 세웠다.

"이곳은 무엇을 하는 방인가요?"

잠자리 선생에게 물었다.

"자네가 궁금해 할 만한 6가지 질문을 받아주는 곳이지."

잠자리 선생은 왕방울만 한 눈을 부라리며 답을 주었다.

"천천히 생각하게. 그러나 시간은 별로 없지."

"그 말씀은 시간이 지체되면 제 질문에 답을 못해주신다는 뜻인가요?"

"아니, 이 순간에도 누군가 글을 쓰고 있다는 사실을 상기하라는 말이야. 첫 번째 질문에 대한 답은 끝났네."

말이 끝나기 무섭게 잠자리는 천장 구멍을 통해 하늘 밖으로 날아가 버렸다. 이런!

생각을 가다듬을 필요가 있었다. 함부로 질문을 던지면 안 된다. 내가 평소에 궁금해 하던 것만 물어야 한다.

잠시 뒤 벌새가 날아왔다.

"저 잠자리는 여름 한철 살다가 죽으니까 시간이 없다고 날다간 거야. 어떤 의미에선 책과 운명이 비슷한 녀석이지."

벌새 선생은 내 귀를 꽃으로 여겼는지 왼쪽 귀와 오른쪽 귀를 오가며 붕붕거렸다.

"그건 무슨 뜻인가요?"

벌새 선생이 내 코앞으로 날아와 가만히 내 눈을 들여다보았다.

"그건 질문인가?"

아차!

"아니, 아닙니다. 아직 생각……"

"참 좋은 질문이야."

벌새 선생이 활짝 웃으며 공중을 재빨리 한 바퀴 돌았다.

"그러니까 자네는 책의 운명이 궁금한 거지? 잘 들으라고. 정확한 통계는 자료를 찾아보면 되겠지만 책은 잠자리보다도 수명이 짧다고."

"수명이 짧다뇨?"

"아니, 이제부터는 더 이상의 질문은 받지 않아. 내 대답이 끝날 때까지 자네는 듣기만 해야 해."

손으로 입을 가렸다. 괜히 상대의 뜻을 거스르면 나만 손해가 아
닌가. 벌새 선생은 긴 주둥이로 긴 호흡을 하며 이야기를 풀어갈 준
비를 하고 있었다.

투고부터
출간까지

태초에 책(book)이 있느니라. 그 전에는 혼돈(chaos)이 있었지. 혼돈의 시절, 세계는 캄캄하고 뒤죽박죽 섞여 있었다. 그러다 어둠과 무질서에 답답함을 느낀 어떤 자가 '나 세상에 할 말이 있다.'고 느끼고 곧 '책이 있으라' 하고 말하니 세상에 책이 생겼더라.

그래, 저자는 혼란한 생각을 정리한 끝에 '책'이라는 걸 내놓지. 물론 책이라는 이름을 얻기까지는 과정이 필요해. 저자가 생각을 정리하여 탄생시킨 건 '원고'가 되는 거고. 투고에서 출간까지 과정은 출간제안서 작성하기와 투고 이후의 과정으로 나누어서 생각할 수 있어. 하나씩 살펴보자고.

1) 출간제안서 작성하기

요즘은 인터넷만 검색하면 '출판기획서(출간기획서)'를 쉽게 구할 수 있어. 이건 출판사에 투고하기 위해 작성하는 제안서야. 아마 본 적이 있을 거야. 책 콘셉트 소개하고, 유사 서적과 비교하고, 어떤 마케팅이 가능한지 적고, 목차 적고, 샘플 원고 첨부하고, 저자 소개 적어서 제출하는 형태지.

나는 개인적으로 '출판기획서'라는 말보다는 '출판제안서'가 더 적합하다고 생각해. '출판기획서'는 출판사 내부에서 작성하는 문서에 가깝고, 저자 입장에서는 기획서라기보다는 제안서가 적당하지 않을까. 어쨌든 투고를 준비하는 저자라면 누구나 출판제안서를 작성해야 하는데 문제는 이게 원고를 쓸 때와는 다르다는 사실이야. 이 작업을 조금 더 상세히 설명해 줄게.

① 저자 소개

저자 소개가 뭔지 모르는 사람은 없을 거야. 그러나 이게 왜 필요한지 용도에 대해서 정확히 설명할 수 있는 사람은 별로 없는 것 같아.

저자 소개는 원고 내용을 보증하기 위한 용도가 대부분이야. 똑같은 지식이어도 이웃집 아이가 말하느냐, 아니면 권위자가 말하느냐에 따라 듣는 사람의 태도가 달라지지. 7살짜리 어린아이가 활을 쥐면 엄마도 도망가지만 명궁이 활을 쥐면 너도 나도 과녁 앞으로 모여들기 마련이잖아? 그런 관점에서 학위나 소속, 직위 등을 증시하는 출판사가 있지.

그런데 쓸 게 없으면? 당황하지 말고, '쌤앤파커스' 전략을 취하는 것도 좋아. 쌤앤파커스라는 출판사는 저자 소개보다도 책 소개를 더 중시하거든.

〈아프니까 청춘이다〉의 표지를 넘기면 보통 '저자 소개'가 있어야 할 자리에 책 소개글이 있다는 걸 알게 될 거야.

"한 치 앞을 내다볼 수 없는 미래에 대한 불안으로 힘들어하는 지금, 이 시대 청춘에게"

이 글 말고도 프롤로그에서 따온 문장 등이 저자 소개 자리를 차지하고 있지. 김난도 교수의 이력을 보면 방향성을 찾기가 힘들어. 법대 나오고 행정학으로 박사 받고, 지금은 소비자학과 교수거든. 대학신문에서도 부주간으로 활동했고. 취업 컨설턴트들이 말하는 '방향성을 읽기 어려운 난감한 학생'에 속하는 경우야. 어쩌면 이런 이유로 김난도 교수의 이력을 뒤로 감추었는지도 모르지. 그런데 쌤앤파커스는 이 책만 그런 게 아니라 다른 책에서도 똑같은 전략을 써. 저자 양력을 감추고 책 안으로 들어갈 수 있도록 카피를 적극 활용한다고.

만일 저자 소개에 쓸 만한 이력이 부족하다고 생각한다면 '쌤앤파커스' 전략을 택해보는 것도 나쁘지 않을 것 같아. '저자 소개'를 적는 난에 이력이나 지금 하는 일만 넣는 게 아니라 책에 대한 소개글을 함께 넣는 거지.

덧붙이면 '출판제안서'의 '저자 소개'는 출판사에 자신을 어필하는 게 목적이므로 형식과 분량에 구애받을 필요는 없을 것 같아. 다만 '이 원고를 쓰기 위해 어떤 노력을 했는지' 관련 경험(설령 이력서에 채울 수 없는 개인적인 노력이더라도)을 적으면서 신뢰도를 높이는 게 포인트야.

② 목차와 샘플 원고

목차는 그대로 얹으면 돼. 문제는 샘플이야. 샘플 원고는 얼마나 필요한 걸까?

보통 꼭지 수로 말하면 다섯 꼭지 정도는 첨부해주는 게 좋아. 그러나 샘플 원고가 왜 필요한지 이해하고 첨부하면 더 좋겠지? 편집자들은 출간제안서를 보면 가장 먼저 이 책의 콘셉트를 확인해. 아마 콘셉트는 가제목 형태로 적혀 있을 거야. 또한 가제목만으로 다 설명이 안 되니까 추가 설명도 달려 있을 거고. '육아'와 관련된 책이라고 가정해 보자고. 당신이 '육아의 핵심은 자유방임이다'라고 주장하고 있어. 그게 콘셉트라고 해보자고. 그러면 편집자는 이런 궁금증을 갖게 돼.

"자유방임으로 키우면 아이가 잘 자란다는 증거가 있는 거야?"

"어떻게 키우는 게 자유방임이지?"

이밖에도 몇 가지 중요한 질문이 있을 수 있지만 대략 이런 식으로 '효과와 방법'에 대해서 궁금해 하지. 샘플 원고는 그런 궁금증에 대한 답이 되어야 해. 만일 이런 궁금증이 해소되지 않으면 편집자는 이렇게 판단하지.

"음, 출간제안서만 보고는 판단하기 어려운데."

"이건 설득력이 약한데."

따라서 샘플원고는 콘셉트와 관련된 편집자의 의혹을 풀어주는 데 포인트를 두고 첨부하는 게 좋아.

사실 길이의 문제는 아니지. 어쩌면 원고 전체를 다 읽어봐야 한다고 생각할 수도 있어. 그렇다면 원고 전체를 따로 첨부하면 돼.

물론 원고를 다 써야 투고할 수 있는 건 아니야. 만일 핵심적인 궁금증에 대한 원고가 완성되었다면 그 상태에서 출판제안서를 써서 보내도 돼. 나머지는 계약 후에 써도 된다고(계약서에 언제까지 원고를 넘기겠다고 약속하는 항목이 있어. 달리 말해 원고를 다 쓰지 않고도 계약이 맺어진다는 말이야.).

한 가지 덧붙일게. 간혹 투고한 내 원고의 아이디어를 가져다가 다른 저자에게 의뢰하여 책을 출간하는 경우가 있는 것 같아. 문제는 '아이디어는 저작권 침해의 대상이 아니다'라는 거야. 아이디어를 가져다가 다른 사람이 쓴다고 해도 제재할 방법이 없어. 그래서 핵심 원고를 오픈하는 데 거부감을 가질 수 있거든. 그렇다면 핵심적인 내용은 쏙 빼고 부가적인 내용 일부만 투고해야 하거나 혹은 출판사 편집자를 만나 내 책의 핵심을 두루뭉술하게 들려주어야 하는데 이러면 편집자가 판단하는 데 어려움이 따르지 않겠어? 편집자 입장에서는 '내용도 모르고 계약해야 하는가?' 하고 생각할 수 있다는 말이야. 난감하지. 그럼에도 불구하고 '계약 전에는 원고의 핵심적인 내용은 안 보여줄 거야'라고 생각한다면 과연 편집자에게 어떻게 내 원고의 핵심을 전달할 수 있을지 생각해 봐야 해.

어쨌든 샘플 원고를 보여주는 가장 큰 이유는, 내 원고에 대한 궁금증을 해소하려는 데 있다는 것을 명심하라고.

③경쟁 도서

출간제안서에 보면 '경쟁 도서'를 기입하는 칸이 있어. 나는 개인적으로 이건 적지 않아도 무방하다고 생각해. 물론 분석한 자료가 있다면 넣는 게 좋겠지. 문제는 지금까지 경쟁 서적을 분석한 출판제안서를 보면 설득력이 떨어지는 경우가 많았다는 거야. 그럴 바에는 넣지 않는 게 나을 수 있다는 얘기야. 만일 경쟁 도서 분석평을 쓰려면 다음 몇 가지를 주의하자고.

첫째, 경쟁 도서와 차이점을 부각하려고 너무 애쓰지 말 것.

'경쟁 도서'를 넣을 때는 이런 주제를 다루고 있는 시장이 꽤 크다는 걸 강조하기 위해 쓰는 게 좋을 것 같아. '제가 투고한 원고는 이처럼 잘 팔리는 시장을 대상으로 하고 있습니다.' 정도면 좋아. 차이점에 초점을 너무 맞추면 '차이를 위한 차이'를 찾게 될 가능성이 있어. 또한 출판사가 인지할 수 있는 차이인지도 생각해야 하는데 대부분은 저자만 아는 차이인 경우가 많아. 그럴 바에는 차이 대신 '내 원고가 요즘 유행하는 트렌드에 맞는 책'임을 강조하는 용도로 '경쟁 도서'를 쓰는 게 좋겠지(그런 맥락에서 '경쟁 도서'라는 단어보다는 '트렌드 도서'라는 말이 더 어울릴 수 있어.).

둘째, 현재 판매가 어느 정도 이루어지고 있는 책을 중심으로 경쟁 도서를 선별하자고.

이미 죽은 책, 더 이상 안 팔리는 책을 경쟁 도서라고 적어 내면 편집자는 어떻게 생각할까? '어라? 이쪽 시장은 다 죽었네.'라고 부정적으로 받아들일 가능성이 있어. 예스24나 알라딘처럼 판매포인트를 게시하는 온라인서점에 들어가서 판매 순위가 높거나 포인트가 높은 책을 중심으로 경쟁 도서를 선별하라고. 정해진 기준은 없지만 예스24의 경우, 대략 3천 포인트 이상이면 아직 움직이고 있다는 애기야. 알라딘은 2천 이상이면 그렇다고 볼 수 있어.

셋째, 경쟁 도서를 적을 때는 다음 정보를 꼭 기입해.

제목(부제목과 카피까지), 저자(유명인 여부 등 간략한 저자 프로필), 출판사, 가격, 판매포인트(혹은 베스트셀러 순위), 온라인 서점에서 제공하는 간략한 도서 소개

물론 경쟁 도서의 약점이 눈에 띈다면, 특히 내 원고와 비교해서 약점이 두드러진다면 적어도 좋아. 다만 그 차이점은 세 가지 관점에서 적으면 좋을 것 같아. 하나는 얼마나 쉽게 썼는가, 둘은 얼마나 깊이 있게 다루었는가, 셋은 저자의 마케팅 역량이 어떤가. '그 책은 너무 어려워.'라거나 '그 책은 자기 체험이 깊이 배어 있지 않아, 혹은 그 책은 깊은 사색의 결과물이 아니야, 그 책은 설득력이 떨어져'라거나 '그 책의 저자는 인지도가 떨어져서 마케팅이 힘들었어.'라는 식으로 구체적인 근거를 대면서 설명하면 좋아.

하지만 내 생각을 말하라면 굳이 '경쟁 도서'를 쓰지 않아도 좋다

고 생각해. 콘셉트가 마음에 들면 편집자는 당연히 시장 조사를 하기 때문에 이 분야에 어떤 책들이 있는지 확인해 보거든. 그들이 하는 일반적인 업무 가운데 하나이기 때문에 맡겨도 된다고 생각해. 물론 그러려면 콘셉트부터 시선을 끌어야 하기는 하지.

④ 콘셉트

맞아, 그래서 가장 중요한 게 콘셉트야. 콘셉트는 제일 첫 장에 가제목 형태로 소개되는 게 보통이지. 물론 가제목만으로 부족하면 부제목도 붙이고, 간략히 설명하는 글도 추가하지. 이밖에도 이 책이 속해야 하는 시장에 대한 분석도 덧붙이면 좋기는 해.

독자는 구매를 결정하기 전에 책을 살피는데 이때 순서가 있어. 처음은 표지, 그중에서도 제목을 봐. 제목과 부제, 카피 따위를 보게 되지. 만일 마음에 끌리는 게 있다 싶으면 표지를 넘겨서 저자가 누군지 보거나 혹은 서문, 목차 따위를 살핀다고. 때에 따라 본문 내용을 일부 읽어보고 결정하기도 해. 이런 일련의 과정을 거치는 이유는 이런 거야.

'제목이 끌렸어. 그 제목이 암시하는 어떤 내용들이 있었는데 그 내용이 이 책에 담겨 있는지 확인해야 했어. 그래서 저자 소개를 보면서 이 사람이 이런 이야기를 할 수 있을 만한 수준인가 확인했고, 목차를 보면서 그런 콘텐츠가 있는지 확인했고, 서문을 보면서 내가 연상한 내용과 일치하는지 알아보았고, 본문 내용이 그런지 살펴보았어.'

독자가 책을 들춰보는 행위는 제목에서 받은 그 기대감이 본문을 통해서 충족될 수 있는지 확인하기 위해서라는 말이야. 그러나 제목에서 끌림이 없다면 눈길조차 끌지 못하지.

출판제안서의 콘셉트는 '제목' 역할을 해. 편집자들도 출판제안서를 볼 때 제일 먼저 콘셉트부터 확인하고, 만일 마음에 들면 목차나 샘플 원고까지 기대감을 갖고 읽게 된다고(물론 마음에 안 들어도 살펴보기는 하지. 자기 업무니까.). 독자들과 똑같아. 그런 관점에서 콘셉트를 바라보면 좋아. 따라서 가능하다면 가제목만 넣고 끝낼 게 아니라 이 책의 콘셉트가 무엇인지 설명하는 내용을 따로 담으면 좋아.

| Summary |

① 출간제안서에 담을 내용과 책에 담을 내용은 다르다는 점부터 기억하자. 출간제안서는 출판사에 저자로서 선을 보이는 과정이기 때문이다. 책을 떠올리지 말고, 입사원서를 떠올리면 조금 더 가까울 수 있다.

② 콘셉트가 가장 중요하다. 가제목뿐 아니라 충분히 설명하는 글을 넣는 게 좋다. 물론 장황한 소개보다는 임팩트 있는 글이 좋다.

③ 저자 소개는 이력서와 자기소개서처럼 쓰면 좋다. 다만 이력서나 자기소개서에 담기는 내용이 기초 학력이나 현 소속을 제외하고는 책의 콘셉트와 연관이 있어야 한다.

④ 목차는 약 70% 정도 완성도 수준에서 제출하면 된다. 샘플 원고는 편집자들의 궁금증을 해결할 정도로 제출하면 된다.

⑤ 경쟁 도서 분석은 넣지 않아도 무방하다.

⑤ 비용 및 판매 제안

좀 현실적인 이야기를 해볼게. 출판을 비즈니스라는 차원에서 보자고. 출판사를, 비용을 투입하여 이익을 만들어내는 곳이라고 생각해 봐. 그런 관점에서 보면 출판사의 목표는 당연히 수익 증대겠지? 이익을 높이려면 두 가지 방법이 있는데 하나는 비용을 줄이는 방법이고, 다른 하나는 매출을 높이는 방법이야.

비용 절감, 매출 확대의 관점에서 저자는 출판사에 제안할 수 있어. 출간제안서에 보면 저자가 할 수 있는 홍보 방안, 판매 방안에 대해서 언급하도록 되어 있는 칸이 있어. 그게 '비용 절감, 매츨 확대'와 관련된 이야기지. 출판사 입장에서는 비용을 절감하고 판매를 촉진할 수 있는 방법을 내가 갖고 있다고 말하는 저자에게 끌리기 마련이라고. 저자 입장에서 출판사에 제안할 수 있는 방법은 대략 다음과 같아. 이 가운데 내가 할 수 있는 게 무엇인지 생각해서 적절하게 적어서 보내면 좋겠지?

하나, 비용 절감 방안

- 인세를 책으로 받겠다

: 인세는 보통 7~10% 사이에서 결정돼. 초보 작가의 경우는 낮고 두 번째 책부터는 높아지겠지. 간혹 유명 저자여도 5~8%만 받기도 하는데 이때는 마케팅에 더 힘써 달라고 요구하거나 혹은 출판사에서 원고를 만드는 데 비용 투입이 있었다며 인세를 낮춰달라고 요청하고 저자가 받아들인 경우야.

인세를 책으로 받겠다고 말하면 출판사 입장에서는 비용이 절감되는 효과가 있지. 예컨대 인세를 10%, 책 가격을 1만 원이라고 가정하고 계산해 보면 다음과 같아.

현금으로 받는 경우 : 100권 판매시 저자 인세는 10만 원
책으로 받는 경우 : 100권 판매시 저자가 가져가는 책은 14~15권

책의 정가로 계산하면 인세 10만 원보다 책 14~15권이 더 값어치가 크지. 계산이 왜 이렇게 되는가 하면 저자는 정가의 70% 가격으로 책을 가져갈 수 있기 때문이야. 그래서 7,000원으로 한 권을 가져갈 수 있어. 그런데 출판사 입장에서는 1권을 만드는 데 드는 제작비용이 1,000~3,000원밖에 하지 않거든(책마다 다르긴 해). 더욱이 서점에 떼어줄 마진(30~50%)도 없으니까 출판사는 10,000원 짜리 책을 7,000원에 팔고 최소 4,000원에서 최대 6,000원까지 마진을 갖게 된다고. 그러니까 출판사가 좋아하는 거야.

그래, 저자도 좋은 게 아니냐고? 싸게 샀으니까 그렇게 생각할 수 있지. 현금으로 10만 원 받을 것을 책으로 14~15권 받았으니까 좋을 수 있지. 만일 저자가 주변에 그 책을 7,001~10,000원에 팔 수 있다면 최소한 인세보다는 더 받을 수 있는 길이 열리지. 다만 현실적으로 지인 통해 책을 파는 데 한계가 있다는 점, 또한 저자가 책을 팔아서 그 마진을 챙기는 것보다 차라리 지인들에게 서점에서

구매하도록 유도하여 판매포인트를 높이는 게 장기적으로 더 유리할 수 있다는 점을 고려하면 딱히 좋다고만 볼 수는 없어.

어쨌든 금전적으로는 불리할 수 있지만 출판사가 나와 계약을 맺는 데 도움이 된다고 판단되면 제안해 볼 만한 내용이야. 그리고 한 가지 더 팁이 있는데 인세 전체를 책으로 받겠다고 제안하는 게 불편하다면 1,000~2,000부 팔릴 때까지만 책으로 받겠다, 2,500부 팔릴 때까지만 책으로 받겠다고 한계를 설정하는 것도 나쁘지 않지(그러나 3,000부 파는 게 힘들다는 점은 기억하자고.). 그러면 이후에는 현금으로 인세가 정산이 될 거야.

<u>- 제작비용을 줄이는 방안에 적극 동참하겠다</u>

: 책을 만드는 데 드는 비용은 여러 가지야. 디자인 비용도 들어가고(내부 인력인 경우는 월급, 외주 인력인 경우는 외주 비용), 종이값도 내야 하고, 인쇄비나 제본비도 내야 해. 이밖에도 루틴으로 들어가는 월급도 있지(요즘은 편집자도 외주로 많이 시킨대.). 여기까지는 일반인도 이해하기 어렵지 않지만 다음 내용은 책을 한두 권 이상 내 본 사람이 아니면 잘 모르는 내용이야.

먼저, 본문 색깔. 표지 말고 본문이 흑백으로 된 경우를 본 적이 있을 거야. 이를 '1도'라고 불러. 검은색 외에 색깔 하나를 더 넣어서 만드는 경우도 있지. 이를 '2도'라고 불러. 그리고 본문을 컬러로 만드는 경우가 있어. 이를 '4도'라고 불러(빨강, 파랑, 노랑, 검정의 4가지 페인트를 써서 인쇄하기 때문에 '4도'가 되지.). 어쨌든 4도가 되면 비용이 높아지고, 1도가 되면 비용이 낮아지지. 특별한 경우가 아니면 대개는 2도를 많이 써. 출판사에 근무해본 사람이라면 디자이너에게 이렇게 말하는 걸 들은 적이 있을 거야. '4도 같은 2도로 만들어주세요, 2도 같은 1도 만들어주세요.' 본문 색을 2도로 하되 디자인 효과에 따라 4도 같은 느낌을 다소 살릴 수 있는 디자인이 있거든. 어쨌든 이 말은 이런 뜻이야. '출판사는 비용을 줄이려고 한다.'

만일 당신 책이 흑백이어도 괜찮다면 '1도 출판도 감안하겠다'고 얘기하는 게 좋을 거야.

다음, 일러스트. 생각보다 많은 책에 일러스트가 들어가. 그런데 일러스트는 거의 다 외주로 제작해야 하기 때문에 당장 비용이 발생하거든. 더욱이 그림은 1컷에 최소 2~5만 원, 조금 괜찮다 싶으면 1컷에 10만 원이 넘는 경우도 많아. 한 권의 책에 일러스트 10컷만 쓴다고 해도 20~100만 원까지 나오겠지? 더구나 200페이지에 10컷이라면 20쪽에 한 컷밖에 못 쓰는 거잖아? 분량에 비해 일러스트 개수가 적어서 원했던 효과를 거두기 어려울 수 있다고. 제대로 쓰려고 작정하면 100만 원으로는 안 된다는 말이야.

자, 그럼 어떻게 할까? 만일 일러스트를 꼭 써야 한다면 그림을 최소화할 각오가 되어 있다고 말하는 방법도 가능해. 똑같은 10컷이어도 20페이지마다 1컷씩 배분하는 게 아니라 앞쪽 50페이지까지는 10페이지마다 1컷씩 얹고 뒤쪽 150쪽은 30페이지마다 1컷씩 얹는 방법도 가능해. 그러면 처음 50페이지에서는 비교적 자주 나오니까 일러스트 효과를 높일 수 있지.

또 한 가지 방법은 상대적으로 저렴한 일러스트를 활용하는 방법이야. 예컨대 이렇게 출판사에 제안하는 거지.

"만일 제가 선호하거나 동의하는 그림체와 유사하기만 하다면 상대적으로 저렴한 일러스트여도 괜찮습니다."

평소에 선호하는 그림체를 탐색해서 자료를 수집한 뒤 나중에 출판사에 샘플을 공유하면서 '이런 일러스트 스타일이면 좋겠다'고 제안하는 거지. 그러면 출판사에서는 비슷한 그림체면서도 상대적으로 저렴한 일러스트레이터를 찾아봐 줄 거야(물론 독보적인 그림체를 가진 사람이라면 구하기 어려울 수도 있어.).

- 편집 시간을 줄이는 데 최선을 다하겠다

: 출판사도 기업이므로 시간이 곧 비용이지. 한 달 내내 아무것도 안 해도 월급이 나간다고. 그 비용에 대한 이야기야.

계약을 맺고 나면 저자와 편집자(혹은 출판사 대표 등)가 지속적으로 커뮤니케이션을 하게 돼. 주로 편집자가 저자에게 '이런 거 바꿔 달라, 저런 거 검토해 달라' 여러 가지 요청을 하지. 이때 시간을 질질 끄는 저자가 있고, 빨리 빨리 처리해주는 저자가 있어. 저자의 피드백이 늦어지면, 물론 편집자는 다른 일을 처리하고 있으면 되기는 하는데, 연속성이 깨지면서 시간이 조금씩 새기 시작해. 특히 출판사는 출간일을 기준으로 편집부, 영업부, 마케팅부가 손발을 맞춰 움직이기 때문에 한 번 시간이 어긋나면 계획에 차질이 생기면서 본의 아니게 투입비용이 상승하게 되지. 물론 저자가 마감 일정에 모든 책임이 있는 건 아니지만 출판사의 요청 사항에 대해서는 가급적 빨리 처리하겠다고 말하는 게 좋은 인상을 풍길 수 있어.

그리고 한 가지 더 언급하면 만일 문장에 자신이 없는 사람이라면 출판사 편집자가 원고를 고칠 때 가급적 작업이 원활하게 이루어지도록 협조하는 게 좋아. 이런 정도로 말하면 무난할 거야.

"편집자의 편집권을 적극 존중하여 편집 업무를 일임할 것이며, 필요에 따라 요청이 있으면 적극 임하겠다. 다만 최종적으로 확인할 수 있는 시간만 달라. 빠른 시간 안에 검토 마치고 피드백을 주겠다."

조금 더 쉽게 말하면 이런 정도야.

"편집팀장님이 알아서 해주세요. 믿고 있겠습니다. 마지막에만 한 번 보여주세요."

그럼에도 출판사에 모든 걸 일임하는 게 미심쩍거나 그건 아니라고 생각되면 이런 말은 하지 않는 게 좋겠지. 다만 그때도 원만하게 편집이 진행될 수 있도록 협조하겠다고 말해주면 좋아. 어떤 저자들은 원고를 넘긴 후에도 원고 고친다고 편집자에게 기다리라고 할 때가 있거든. 편집자 입장에서는 저자가 수정작업을 마친 뒤에 원고를 넘겨주길 원하지 않겠어?

둘, 매출 확대 방안

– 홍보 방안

: 기본적으로 출판사는 마케터나 영업자가 있기 때문에 홍보와 영업에 신경을 쓰지. 그럼에도 불구하고 출판 자체가 영세한 사업이다 보니 물량을 동원한 마케팅에 한계가 있기 마련이야. 그래서 마케팅력을 갖고 있는 저자를 좋아해.

그렇다면 우리는 어떻게 할까? 홍보할 수 있는 수단이 있다는 걸 보여주는 거야. 만일 SNS가 있다면 1일 방문자, 이웃 수 등을 적극 알리라고.

"제가 네이버 블로그를 운영하는데 1일 방문자가 500명입니다. 책이 나오면 첫 한 달 동안 1주 2회에 걸쳐 책을 소개할 예정입니다. 제 블로그 방문자는 검색해서 들어오는 분들이 아니라 주로 이웃들이 자주 놀러오는 곳이기 때문에 친밀도가 높고, 제가 올린 책 소개를 각자의 블로그에 소개해 주기로 이야기가 되었습니다. 블로그 이웃들은 제 책이 나오기를 목 빠지게 기다리고 있습니다.'

페이스북도 좋고, 인스타그램도 좋아. 요즘 죽었다지만 트위터도 나쁠 것 없지. 자신의 SNS 영향력을 자랑하고, 적극 어필하는 게 핵심이야. 다만 1일 방문자 수나 페이스북 친구의 숫자가 너무 적다면 의미가 없으니까 굳이 자랑할 필요는 없어.

SNS 말고도 강의를 나간다면 '강의 현장에서 책을 홍보할 수 있다.'고 말하거나 혹은 어떤 모임에 대해 영향력이 있으며 이를 통해 홍보할 수 있다고 제안하는 것도 좋아. 매체에 아는 사람이 있고 책이 나오면 소개해 주기로 했다면 역시 빠뜨리면 안 되지.

한 가지 덧붙이면, 책을 내겠다고 마음을 먹었으면 SNS에도 관심을 갖는 게 좋을 것 같아. 요즘은 SNS 스타들이 좋은 저자로 각광받는 시대야. 파워블로거까지는 아니어도 최소한의 홍보 수단으로 SNS를 관리하고 있으면 여러 모로 도움이 된다는 점은 기억하자고.

– 판매 확대 방안

: 책을 출간하는 것 자체가 목적은 아닐 거야. 책이 알려지고, 팔려져야 하겠지. 그렇다면 저자 역시 출판사에 모든 걸 맡기기보다는 소매를 걷어붙이고 책 판매에 나서는 게 좋아. 가족이나 친구, 지인들을 활용하여 책을 판매하는 방법을 생각할 수 있어. 강의 현장에서 교재로 쓴다거나 혹은 기성 조직이나 모임의 교재로 쓸 수 있도록 알리는 방법도 있지. 단순히 제안할 예정이거나 알릴 예정이라고 말하기보다는 구체적인 수치를 잡아서 출판사에 저자의 판매 방안을 제안하는 게 좋아. 한편 판매와 관련해서는 출판사와 협의하여 어떤 방법이 가능한지, 어떤 협조가 필요한지 머리를 맞대고 의논하겠다고 제안하는 것도 좋지. 한편 저자가 직접 책을 구매하는 경우도 있어.

"지인들에게 책을 홍보할 생각이며, 이를 위해 출판사를 통해 책을 00부 구입하겠다."

이렇게 말하면 당연히 출판사가 좋아하겠지?

지금까지 한 이야기는 어쩌면 다소 불편한 내용일 수 있어. '책만 쓰면 됐지 저자가 무슨 마케팅에 홍보까지 해야 해? 심지어 무슨 책을 팔아줘야 해? 그건 출판사가 해야 하는 거 아니야?' 하지만 출판사 입장에서 보면 생각이 달라질 수 있어. 예를 들면 출판사가 당신과 계약을 맺어야 할지 말아야 할지 고민하는 중이라고 생각해 봐. '이건 물건이다'라거나 '이건 안 팔려' 하고 판단이 명확한 원고가 있는가 하면 어떤 원고는 시장성을 타진하는 게 어려워. '팔린다'와 '안 팔린다'의 경계에 서 있는 책들이 생각보다 많다는 말이야. 만일 그런 경우, 출판사는 어떻게 생각할까?

"1500부는 나갈 것 같은데 2000부를 넘길지는 잘 모르겠네."

만일 이렇게 생각하는 출판사가 있다면 당신과 계약을 할까? 비즈니스를 하는 사람이라면 누구나 그렇겠지만 비용을 회수하여 이익이 남게 되는 시점을 미리 생각할 거야. 여기서는 부수가 그런 기준점 역할을 하지. 과연 몇 권을 팔아야 손익분기점을 넘길까? 책마다 조금씩 차이가 있기는 하지만 대략 2000~3000부는 넘겨야 해. 그런데 1500부까지는 팔 수 있을 것 같은데 2000부는 잘 모르겠다고 생각하고 있다면 출판사는 당연히 포기하려고 하겠지. 그런데 버리기도 아까워. 판단이 애매해.

출판사가 망설이고 있을 때 저자가 나서서 '제작비용 절감에 도움이 된다면 이렇게 하겠다'고 제안하면 출판사는 비용 부담이 줄어드니까 '그럼, 한번 출간해 볼까?' 하고 긍정적으로 판단할 수 있는 확률이 높아지게 되지. 비유를 들어서 설명하면 출판사는 당신의 원고를 양팔저울에 달고 있는 셈이고, 지금 저울은 수평을 유지하고 있는 거야. 이때 저자가 자기 원고 위에 단 1그램이라도 무게를 더해준다면 수평은 무너지겠지. 출판제안서에 적는 '저자의 홍보 방안 및 마케팅 방안'은 원고에 힘을 실어주는 1그램의 무게로 생각하면 좋을 것 같아.

　마지막으로 한 가지 더 짚고 가자. 출판제안서에 보면 예상 판매 부수를 적는 칸이 있는데 이건 절대 적지 마. 많은 저자들이 자기 책의 예상 판매 부수를 1만 부, 3만 부 하고 적는데 이건 시장을 몰라도 너무 모르는 소리야. 1만 부 팔리기가 쉽지 않다는 건 출판사에서 한 달만 일해 보면 안다고. 1000종의 책이 시장에 나와도 이 가운데 3,000권을 파는 책은 1~2종에 그친다고 해도 과언이 아니야. 1천 권도 못 팔고 시장에서 사라지는 책이 수두룩하다고. 편집자들은 이 시장이 어떤지 알고 있지. 그런데 생판 초보 저자가 '내 책은 1만 부는 팔 수 있어요.' 하고 말하면 덥석 믿어줄 것 같아? 천만에 말씀. 도리어 이렇게 생각하지. '세상물정을 모르는 분이구나. 초보 저자구나. 출판에 대한 감이 전혀 없는 분이구나.' 자신감이 있는 건 좋은데 수치 하나 잘못 써서 졸지에 출판 시장을 모르는 저자가 될 수 있어. 혹 떼려다가 혹 붙이는 격이란 걸 명심하라고. 그럼에도 꼭 써야겠다면 지금 머릿속에 있는 숫자보다 낮춰서 쓰는 게 좋아.

| Summary |

① 인세를 책으로 받는 방법이 있다.

② 편집 업무에 최대한 신속히 협조한다.

③ 제작비용 절감에 동의할 수 있다.

④ SNS 등을 통해 홍보 방안을 밝힌다.

⑤ 판매 방안을 밝힌다.

⑥ 저자가 구매하는 방법도 있다.

⑦ 예상 판매 부수는 적지 않는다.

2) 투고 이후

이야기가 많이 돌고 돌았네. 다시 원래 주제로 돌아갈까?

저자가 이와 같이 '출간제안서'를 작성해서 이메일을 통해 투고하면 편집자가 검토하게 되지. 받았다고 답신 주는 곳도 있고, 안 주는 곳도 있어. 출판사 답신을 보면 검토 기간이 적혀 있을 거야. 보통 2주에서 3주 검토 후에 답변을 주겠다는 얘기가 가장 많지. 그러나 때에 따라 1주 만에 답변을 주는 곳도 있어. 심지어 투고한 다음 날 전화를 주는 곳도 있지. 2주나 3주까지 갈 필요가 없는 경우가 많다는 말이야. 편집자들은 이렇게 말해.

"보통 1주일 안에 판결이 난다."

설령 공식적인 검토기간이 2~3주로 정해져 있더라도 좋다고 느낀 원고라면 1주일 안에 연락이 오는 게 상례란 말이야. 출판사도 이 저자가 자기 출판사에만 보낸 게 아니란 걸 알거든. 그러니까 '좋은 원고'라고 판단되면 서둘러서 연락하려는 경향이 있어.

출판사에 투고를 마치면 검토가 시작돼. 보통은 개별적으로 검토한 뒤 편집부나 혹은 회사 전체 미팅이 있을 때 의견을 나누지(출판제안서의 각 항목을 점수화해서 높은 점수를 받은 책을 출간하는 곳도 있어.). 출판사마다 조금씩 다르지만 대개는 출판사 대표가 '한번 만나보자'고 결정하고, 규모가 큰 출판사나 권한을 이임한 곳에서는 편집장이 결정하기도 하지.

출판제안서가 통과되면 이제 편집자에게 연락이 올 거야. 전화 연락이 가장 많은 것 같아. 이메일 통해서 들어오는 내용은 대개

'거절' 메일이야. 한번 만나고 싶다는 건 전화로 하지. 전화가 오면 미팅 일정을 잡게 돼. 출판사로 방문하는 거야.

미팅일이 되면 출판사에 가서 편집자를 찾으면 돼. 미팅실에서 짧으면 30분, 길면 1시간 정도 미팅이 이루어져. 이때 무슨 이야기가 오갈까?

① 출판사와 첫 미팅

- 출간 일정

: 만일 계약을 맺게 되면 책을 언제 출간할 수 있을지 궁금하지? 그걸 물어보는 거야. 언제 출간이 가능할까? 출판사에는 출간을 기다리는 원고가 여러 개 있을 거야. 출판사도 기업이니까 최소 몇 개월, 혹은 1년 이상 출간 계획을 갖고 있는 경우가 많거든. 다만 '좋은 원고'라고 판단되면 출간 일정을 앞당기기도 해. 너무 조급한 마음을 갖지 말고 출간 일정을 조율하는 게 좋아. 또한 첫 미팅에서 출간 일정을 결정할 수 없는 경우가 많다는 걸 기억하자고.

- 인세

: 대개 인세는 출판사마다 정해진 룰이 있어. 다만 출판사가 당신 원고에 확신을 갖고 있다면 조금 더 올려달라고 요구는 할 수 있겠지. 대개 인세는 7~10% 선에서 결정될 거야. 첫 책인 경우 7~8%, 그 다음부터는 8~10%가 일반적이야. 인세를 많이 받으면 좋겠지만 만일 출판사가 원고 제작에 어느 정도 인력이나 비용을

투입하거나 혹은 마케팅 비용을 많이 책정했다면 인세가 내려갈 수도 있어.

참고로 인세를 책정하는 방법 가운데 3가지 알아둘 게 있어.

<u>우선 선인세 개념이야.</u>

인세란 책이 팔릴 때 발생하는 게 일반적이야. 그런데 '선(先)'이라는 단어에서 짐작되듯이 팔리기 전에 주는 인세가 '선인세'야. 보통은 첫 인쇄 부수에 대해서 선인세를 적용하지. 처음 인쇄한 부수가 1000부라면 1000부에 대해서 선인세가 적용돼. 물론 부수가 아니라 계약금 형태로 선인세를 주는 곳도 있어. 몇 부 찍든지 상관없이 무조건 100~200만 원을 지불하는 거지. 물론 계약금 역시 인세 일부를 미리 주는 것이라고 생각하면 돼. 선인세 이후에는 팔린 만큼 인세를 주는데 다만 일정 기간을 정해서 지불하게 되어 있어. 정말 잘 팔리는 책이 아니라면 매달 나오는 게 아니라는 말이야.

<u>다음, 변동인세라는 게 있어.</u>

1부에서 5,000부까지는 7%의 인세를 주고, 5,001부에서 10,000부까지는 8%를 주고, 10,001부부터는 10%의 인세를 지불하는 것처럼 구간에 따라 인세가 달라지는 게 변동인세야. 출판사 입장에서는 초기 부담을 줄이고, 이익이 남을 때 더 챙겨주겠다는 취지로 저자에게 변동인세를 요청하기도 해.

<u>마지막으로, 인세 적용 부수에 대한 이야기야.</u>

인세는 기본적으로 '팔린 부수'에 대해서 지불하는 거야. 찍은 부수에 적용하는 게 아니란 말이지. 책이 팔렸는지 알려면 서점에서

자료를 보내와야 해. 우리나라 출판사는 서점과 거래를 할 때 '위탁
거래'를 해. 위탁 거래는 책을 보냈다고 돈을 다 주는 게 아니라 독
자가 책을 구입하면 나중에 정산하는 방식이야. 복잡하지. 그런데
책이 몇 권 팔렸는지 명확하지 않을 때가 많기 때문에 출판사는 서
점에 보낸 책 가운데 몇 %의 책은 아직 안 팔린 상태라고 가정하게
돼. 그래서 그 몇 %는 빼고 인세를 적용하지. 물론 나중에 책이 절
판되면 출판사와 서점 사이에 정산을 하기 때문에 정확히 몇 권이
팔렸는지 알게 되고, 그에 따라 남은 인세를 지불할 거야(만일 더 많
이 지불했다면 저자에게 돌려달라고 요구할 거고. 그러나 대부분은 출판사가
저자에게 잔액을 계산해주는 게 일반적이야.).

인세 적용 부수 = 팔린 부수 = 서점에 출고한 부수 – 서점에서
갖고 있는 부수(나아가 출판사에서 홍보용으로 쓴 책도 빼야 해.)

- 내용에 대한 추가 질문

: 만일 '출판제안서'에 첨부한 샘플 원고에서 출판사가 확신을 갖
지 못하고 있다면 원고에 대한 질문을 던질 수 있어. 저자는 출판사
의 질문을 통해서 출판사가 어떤 점에 초점을 두고 내 원고를 살피
는지 확인할 수 있는 기회이기도 해.

- 원고 완성 시점

: 원고가 미완성이라면 출판사는 언제 원고 완성이 가능한지 물

을 거야. 당연히 이 문제는 출간 시기와도 연결되어 있어. 적절한 시기를 감안하고 대답하면 될 거야.

－저자 브랜드

: 해당 분야에서 꾸준히 책을 내는 저자라면 독자 사이에 저자 브랜드가 형성되겠지? 그런 맥락에서 저자가 출판사에 '나는 이 분야의 책을 꾸준히 쓸 예정이다, 다음 주제는 이런 거다' 하고 어필하는 거야. 출판사 마케팅의 핵심 가운데 하나는 '저자를 스타로 만드는 것'이야. 저자가 1권 쓰고 절필하는 게 아니라면 출판사는 '저자 브랜드' 차원에서 마케팅을 꾸준히 펼칠 수 있지. 물론 첫 책이 최소한 손익분기점을 넘어야 다음 책도 진행할 수 있겠지만 그래도 일단은 '지속적으로 집필 활동을 할 예정'이라고 언급하면 출판사로서는 긍정적으로 검토하기 마련이야. 나아가 저자 입장에서도 '브랜드' 차원에서 책에 접근하는 게 장기적으로 큰 도움이 될 거고.

－편집권 VS 저작권

: 원고를 수정할 때는 반드시 저자의 허락을 받도록 되어 있어. 저자가 오케이 사인을 주지 않으면 고칠 수 없지. 그런데 이 책을 보는 시선이 출판사와 저자가 다를 때가 있거든. 이런 경우 누구의 입김을 인정할 것인가 하는 문제가 발생해. 가장 이상적인 건 편집자와 저자가 서로 존중하고 협업하는 차원에서 원고를 다듬어가면 좋겠지만 만일 서로 자기주장을 놓지 않으면 진행에 어려움이 따

르겠지? 이를 방지하기 위해 사전에 몇 가지 조율을 할 수 있어. 즉 디자인의 경우는 출판사에서 최종 결정한다, 제목은 저자의 동의 아래 출판사가 결정한다, 본문의 표현은 편집자의 수정 사항에 대해서 저자가 결정한다 등등 여러 가지 사전 조율이 있을 거야. 첫 책이라면 믿고 맡겨보는 게 좋을 것 같고, 다만 의미가 변질되는 경우에만 손을 보는 방법이 가장 좋을 수 있어. 만일 그렇다면 이렇게 말하는 게 좋아. "편집자를 존중한다, 다만 마지막에 의도가 달라진 부분이 없는지만 체크하도록 해달라."

- 마케팅

: 출판제안서에 적었던 '홍보, 마케팅 방안'에 대해서 출판사는 구두를 통해 확인하려고 할 거야. 문서로 제안한 내용이 정확히 어떤 건지 검증하려고 할 것이고, 실천 의지가 있는지도 보려고 할 거야. 추가적으로 어떤 마케팅이 가능한지 여러 가지 질문이 있을 거고. 나아가 출판사에서 진행하는 여러 마케팅 방안에 대해서 저자의 동참을 요청하는 경우도 있어. 예컨대 출간 후 저자 강연회를 할 수 있는지, 온라인서점과 인터뷰를 할 수 있는지(신간이 나오면 '책 소개' 차원에서 저자 인터뷰나 취재가 이루어지기도 해.) 등을 물을 거야. 여건에 맞게 답하면 돼.

- 첫 인쇄 부수

: 처음 몇 부를 찍을 것인지 저자가 출판사에 묻는 질문이야. 보

통은 1,500부에서 2,000부 정도를 찍는 게 일반적이야. 이 정도 부수를 찍는 이유는 그게 손익분기점이 될 때가 많기 때문이야. 따라서 저자는 몇 부 찍을 건지 묻는 데서 그치지 말고, 손익분기점이 몇 부인지 확인하는 게 좋아(대강이라도 제작을 아는 편집자라면 어느 정도 답변이 가능할 거야.). 많이 찍었다가 안 나가면 출판사는 손해야. 그래서 최소한도로 찍으려고 한다고. 그러나 많이 찍으면 출판사는 부담되니까 어떻게든 소화시키려고 조금이라도 더 노력하겠지? 그런 점에서 500부 정도 더 찍어달라고 요청하는 게 좋아(그냥 요청하면 안 되니까 뭔가 타협할 게 필요할 거야.).

- 제작 관련

: 표지나 판형(책 크기), 본문 색깔, 일러스트 등에 대한 이야기를 나누면 돼. 출판제안서에 썼다면 저자가 편집자에게 출판사의 의견을 묻는 형태로 이야기하면 좋을 거야.

- 정가

: 책 가격을 어떻게 할지 조율하는 것도 좋아. 출판사는 도서 정가에 대해서 어느 정도 감을 갖고 있으므로 일임해도 괜찮아. 다만 원칙적인 이야기만 해보면 다음과 같아.

"교재와 같이 꼭 필요한 책인 경우에는 가격을 높게 책정하고, 대중 다수에게 뿌릴 책이라면 낮게 책정하는 게 좋다."

이밖에도 경제경영서는 14,000원 이상이고, 수필이나 소설류는

12,000원 정도라는 것도 알아두면 좋지. 해당 도서를 구매하는 사람들의 심리적 마지노선을 찾아가면서 결정된 가격이므로 출판사 의견을 들으면 될 것 같아.

② 협상과 계약서 사인

자, 이렇게 첫 미팅을 마친 뒤 출판사는 내부 회의를 거쳐 저자의 요구를 어디까지 들어줄 수 있는지, 혹은 재요구할 게 무엇인지 정해서 다시 저자에게 연락을 해. 인세는 8% 이상 안 됩니다, 출간 부수는 2000부까지 가능합니다 등등 출판사 의견을 알려주면 저자는 다시 자기 의견을 제시하거나 수용하면 돼. 몇 차례 협상 과정을 거쳐 조건에 대한 협의가 끝나면 계약서가 올 거야. 우편으로 오기도 하고, 이메일로 오기도 해. 출판사에 다시 가서 계약서를 작성할 수도 있지. 어떤 방법이든 상관은 없어. 다만 계약서를 꼼꼼히 읽어보고 이상한 점은 없는지 확인하면 돼. 대부분의 출판사는 표준계약서를 토대로 삼기 때문에 큰 문제는 없어. 따라서 상식적 수준에서 살펴보면 되는데 간략히 다음 몇 가지만 짚어볼게.

　- 계약 기간은 언제부터 언제까지인가? (보통 5년)

　- 인세가 제대로 적혀 있는가? (7~10%)

　- 저자가 출판사에서 책을 구매할 때 몇 %에 살 수 있는가?
　(60~70%)

　- 원고 넘기는 날짜가 여유 있게 적혀 있는가? (대개의 출판사는 원

고 넘기는 날짜에 대해서 민감하게 반응하지 않아. 원고 넘기는 시점이 늦어지는 게 다반사거든.)

– 기타 협의 사항이 잘 반영되어 있는가? (중요한 항목이 있다면 구두 합의로 넘어가지 말고 계약서에 반영하는 게 좋아.)

③ 계약 이후 편집 과정

계약서에 사인을 마치면 이제 원고를 넘길 때까지 편집자가 쪼아댈 거야. 원고를 넘긴 뒤에는 편집자가 편집 작업을 하고, 중간에 한 번 마지막에 한 번 정도 원고 검토 시간을 줄 거야. 혹은 한 차례만 검토 요청을 할 수도 있어. 본문 디자인을 얹거나 표지 시안이 나오면 저자에게 피드백을 요청할 거야. 보면서 의견을 주면 돼. 본문 디자인은 웬만한 출판사라면 문제없이 얹을 테고, 문제는 표지야. 표지에 대해서 의견이 분분한 경우가 많거든. 만일 사전에 문제의 소지를 없애려면 해당 출판사의 표지 스타일을 사전에 점검하고 (예전 출간 도서 보면 되겠지?), 만일 개인적으로 마음에 드는 표지 스타일이 있다면 사전에 적극 공유하여 눈높이는 맞추는 게 좋아. 나중에 표지 시안 나온 뒤에 바꾸자고 하면 다 싫어하니까 말이지.

그러나 가장 중요한 건 제목이야. 제목은 원고가 책의 형태로 바뀔 때 가장 큰 비중을 차지하는 요소지. 제목은 인쇄하기 직전까지 고치기도 하는데 그만큼 모든 출판사에서 중시해. 따라서 편집이 진행되는 동안에도 지속적으로 제목 아이디어를 주는 게 편집자를 돕는 길이야. 물론 편집자도 찾아보기는 하지만 아이디어는 다다익

선 아닐까? 제목 후보가 추려지고 투표 등을 거쳐 최종 제목이 결
정돼. 제목이 결정되었다면 사실 다 된 거나 다름없어.

④ 인쇄 이후 출시

인쇄는 보통 7~10일 정도 걸려. 여유 있게 열흘 이후에 책이 서
점에 깔린다고 보면 돼. 다만 요즘은 온라인 서점이 발달해서 오프
라인 서점에 책이 깔리지 않는 경우도 많기는 하지. 어쨌든 책이 출
시되면 출판사는 출간일에 맞춰 진행하고 있던 마케팅을 본격적으
로 가동하지.

인쇄소에서 책을 찍고 있는 사이, 편집자는 보도자료를 만들어.
이 보도자료는 온라인서점이나 매체에 소개하는 내용을 담고 있어.
나중에 편집자에게 공유해 달라고 해서 갖고 있으면 여러 모로 활
용도가 있을 거야.

책이 나오면 보도자료는 각 서점에 뿌려지고, 도서 데이터가 서
점에 등록이 돼. 출간 기념 이벤트가 진행되기도 하지. 서평 이벤트
도 있고, 저자 사인본 증정 이벤트도 있고, 저자 강연회 이벤트도
있지. 출간 기념 이벤트는 서점에서 적극적으로 노출해주기 때문에
많은 출판사가 활용해.

또한 출판사는 따로 SNS 채널을 통해 책을 홍보하고, 일간지나
인터넷 매체 등을 통해서 신간 소식을 알리기도 하지. 혹은 따로 서
평단을 조직해서 도서 홍보를 하기도 해. 이 시기에는 저자도 홍보
활동에 힘을 써주는 게 좋아. 출판사와 협업해서 홍보해도 좋고 단

독으로 홍보해도 좋아.

이렇게 2~3주 마케팅 활동을 하는 가운데 온라인 서점의 판매포인트를 통해 책의 판매를 알 수 있게 돼. 출판사는 판매포인트에 대한 감을 갖고 있으니까 지금 얼마나 팔리고 있는지, 괜찮은지 아닌지 물어보면 돼.

이제부터 잘 나가면 계속 순위에 머물며 판매가 일정 기간 지속될 테고, 그게 아니면 2주 후에는 출판사에서도 포기한 책이 되고 말지. 1년 기준으로 손익분기점이 넘었다면 출판사는 다시 당신에게 손을 내밀려고 할 거야(1년 뒤에 연락이 온다는 말이 아니야. 한두 달 뒤에라도 밀어볼 만한 저자라는 판단이 들면 다시 연락이 오지.). 그러면 다음 책을 진행하는 것이고, 그게 아니면 다른 출판사를 알아보거나 혹은 한 번 더 밀어달라고 설득하여 다음 책을 진행할 수도 있지.

| Summary |

① 투고 후 1주일 안에 '전화'로 연락이 오면 계약 가능성이 높다는 뜻이다.

② 연락이 오면 출판사에서 30분~1시간 정도 미팅을 한다.

③ 미팅 때 저자가 출판사에 묻는 내용은 이렇다. '책을 언제 낼 스 있는지, 인세는 몇 퍼센트인지, 몇 권을 찍을 것인지, 책 가격은 어느 정도인지, 책 제작 형태는 어떤지'(물론 첫 미팅에서 모두 결정되는 건 아니다. 가격이나 제작 형태는 간략히 언급하거나 아니면 나중에 다시 이야기해도 늦지 않다.)

④ 반대로 출판사가 저자에게 묻는 내용은 이렇다. '원고는 언제 완 성할 수 있는지, 원고 내용은 어떤지, 마케팅이나 홍보에서 협조 가 가능한지'

⑤ 저자가 어필할 수 있는 건 이렇다. '해당 분야에서 계속해서 **책을** 낼 예정이다.'

⑥ 출판사와 저자가 협의해야 할 건 이렇다. '최종 수정에 대한 결 정은 누가 할 것이며, 어떻게 협의할 것인지'(상황에 따라 원고를 최종적으로 넘길 때 협의해도 되기는 한다.)

투고 방법, 출판사 선택,
전자책

"휴, 여기까지 두 번째 질문에 대한 답이었어."

벌새 선생이 빠른 날갯짓을 하며 양쪽 귀를 오가며 들려준 이야기는 샤워기에서 쏘아대는 따가운 물줄기 같았다. '감사합니다' 인사도 들을 새 없이 벌새 선생도 천장 구멍을 통해 하늘로 날아갔다.

하지만 허무하게 날린 첫 번째 질문을 생각하면 너무 알찬 시간이 아닌가! 너무 먹어 배부른 얼굴로 천장 구멍을 바라보고 있으려니 어느 결에 까마귀 한 마리가 내 머리 위에 날아와 앉았다.

"까악! 그래, 다음 질문은 뭔가?"

안 그래도 마침 벌새 선생의 이야기 중에 궁금한 게 있었다. 어떤 출판사에 보내는 게 좋은 걸까? 무작위로 출판사 이메일을 수집해서 나 몰라라 보내는 것보다 더 좋은 방법은 없을까?

까마귀 선생이 까악 하고 청아한 목소리로 울더니 이렇게 말했다.

"다다익선!"

"많이 보낼수록 좋다는 뜻인가요?"

"보통은 그렇게 생각하지. 그런데 다다익선은 방법이 아니야."

까마귀 선생의 말은 끝까지 들을 필요가 있어 보였다.

"누구는 출판사 700곳의 이메일을 갖고 있다고 말하더군. 더 가진 사람도 분명 있을 거야. 그런데 700곳에 다 보내는 게 무슨 소용 있겠는가?"

"네, 제가 궁금한 게 그겁니다. 무작정 많이 보내는 건 답이 아닌 것 같거든요."

"우리나라 출판사가 대략 4만 5천 곳이야. 그건 알고 있지?"

"아니요, 처음 듣습니다. 그건 많은 건가요?"

"불과 10년 전만 해도 출판사 수가 1만 5천 곳이었던 걸로 기억해. 그런데 도대체 무슨 일이 생긴 건지 모르겠지만 10년 사이에서 3배가 되었다고. 세포 분열도 아니고 어떻게 이런 일이 생겼지?"

그걸 내가 알 턱이 있나?

"어쨌든 말이야, 서점의 매출은 줄어들었다고 하고, 출간 종수는 비슷한 수준을 유지한다고 하니까 생각해 보면 4만 5천 곳이 되었지만 여전히 출간하는 곳만 출간한다고 보면 될 거야. 실제로 1년에 1권 이상 출간하는 곳이 이 가운데 몇 퍼센트나 될까? 어림도 없는 이야기지만 1천 곳이 될까 말까일 거야. 나머지는 1인 출판인 경우가 많을 거고, 1인 출판을 하는 곳이라면 자기 책이 없는 경우도 수두룩하지."

"그렇군요. 그럼 어떻게 하는 게 좋을까요?"

까마귀가 길게 하품을 하면서 늘어지는 목소리로 말했다.

"잘 들어보라고. 내가 보기에는 처음에는 20~30곳만 보내도 충분해."

"20~30곳이요? 너무 적지 않은가요?"

"아니, 딱 적당해. 그 정도만 보내도 돼."

"그러다 안 되면요?"

"그럼 다시 20~30곳을 찾아서 보내면 돼."

"그래도 안 되면 다시 20~30곳을 찾고요?"

"맞았어. 그게 핵심이야."

"출판사 선별은 어떻게 하고요?"

"자네 책이 속하는 분야가 있을 거 아닌가?"

"있지요."

"그 분야로 들어가서 주간베스트 순위를 클릭하거나 혹은 판매 순으로 정렬한 뒤에 위에서부터 하나씩 출판사 이름을 적으라고. 그렇게 해서 20곳을 만드는 거야. 그러면 끝이야."

"간단하군요."

"정말 쉽지. 다만 가장 큰 카테고리가 아니라 그 아래 하위 카테 고리까지 들어가서 판매순위를 확인하라고."

"이렇게 보내야 하는 이유가 따로 있나요?"

"이 순위에 있는 출판사들은 자네가 내려는 책과 유사한 책을 내서 최근에 쏠쏠한 재미를 보고 있는 곳이란 말이야. 이들은 이미 이 시장 분석이 끝나 있겠지? 재미도 봤지? 그런데 유사한 책이 투고된단 말이지? 그러면 조금이라도 더 관심을 갖고 지켜보게 된다고. '어라, 이거 몇 달 전에 출간해서 잘 팔았던 책이네.' 하고 말이지."

"아! 그렇군요."

"더 궁금한 거 있나?"

까마귀 선생은 눈물까지 흘리며 하품을 했다.

"만일 복수의 출판사에서 답신이 오면 어느 출판사와 계약하는 게 좋을까요?"

까마귀 선생은 더는 졸음을 못 참겠다는 듯이 기지개를 켰다.

"더는 안 되겠어. 그건 다른 선생에게 물어봐. 나는 이만."

까마귀 선생이 갈지자로 휘청거리며 날아갔다. 이번에는 벌 선생이 날아왔다.

"다 듣고 있었어. 투고하면 출판사가 서로 달려들어 자네 원고를 탐낼 것 같다고 지금 말한 건가? 세상물정 진짜 모르는군."

"아니, 저도 투고한 적도 있고, 거절 메일을 받아본 적도 있어서 조금은 압니다. 그래도 만일 두 군데 이상 연락이 오면 어떻게 해야 하는지 궁금해서요."

"염치는 있나 보군. 좋아, 선택은 간단해. 자네가 중점을 두고 있는 것을 잘하는 출판사라면 좋을 거야."

"예를 들면?"

"나는 한 달 안에 책이 나와야 하는데 출간 시기를 맞춰줄 수 있다, 그러면 계약해야지. 저자로서 대우가 중요하다고 생각하는데 인세를 조금 더 준다, 그러면 계약해야지. 아무래도 팔리는 책을 내고 싶은데 마케팅에 힘을 쏟겠다, 그러면 계약해야지. 나는 문장 실력이 약한데 출판사에서 잘 고칠 것 같다, 그러면 계약해야지."

"아, 그렇군요. 그래도 기왕이면 큰 출판사와 계약하면 좋을 것 같기는 합니다만."

"그건 상황마다 달라. 큰 출판사가 좋을 수 있지. 브랜드도 있고 말야. 그런데 생각해 보라고. 큰 출판사에는 좋은 저자들이 넘쳐난다고. 자네를 챙길 시간이 없다는 말이야. 책을 많이 내는 출판사라고 해도 책마다 '목표 설정'이 다르거든. 김난도 교수가 책을 낸다면 '이분 책은 몇 만 부는 팔릴 테니까 마케팅 비용으로 몇 천만 원을 책정하자.'고 계획을 할 텐데 자네 책에는 '무슨 마케팅 비용이야. 일단 내보고 반응 봐서 비용 투입을 결정하지.' 하고 비중을 작게 보겠지."

"큰 출판사라고 꼭 좋다는 뜻은 아니네요."

"출판사를 만나보면 어떤 느낌을 받을 수 있을 거야. 이 출판사가 자네를 중시하는지 아닌지. 일단은 만나자고 하는 곳이 있으면 다 만나보는 게 좋아. 출판사 열정, 자네에 대한 중시도, 인세, 편집력, 마케팅력 등 여러 항목을 비교해 보면서 결정하는 게 순리겠지. 더 궁금한 게 있나?"

벌 선생은 나의 밝아진 얼굴을 보더니 대답도 듣지 않고 휭하니

천장으로 사라졌다. 너무 작아서 천장에 닿기 전부터 보이지 않았다.

아까부터 바닥에서 모이 쪼는 시늉을 하던 비둘기가 부리로 내 발을 쪼았다.

"다음 질문을 받도록 하지."

마침 '전자책'이라는 단어가 떠올랐다.

"전자책은 어떻게 하는 건가요?"

"전자책? 그건 생각하지도 마."

"왜죠?"

"한때 전자책이 출판 시장을 바꿀 것이라고 생각했던 시절이 있었지만 실제로는 큰 변화가 없었기 때문이야. 아마존이 미국 시장에서 파워를 행사하며 전자책 붐을 일으킨 것 때문에 우리나라 출판계에서도 한동안 전자책에 관심이 높았지만 그게 전부라고. 우리나라에서도 제2의 아마존이 되려고 애쓴 곳이 있는 것으로 아는데 아마존이 그냥 아마존인가? 현재 우리나라 전자책은 장르소설과 일부 베스트셀러만 팔리고 나머지는 매출을 기대하기 힘들어. 만일 자네가 장르소설을 쓴다면 당연히 전자책 시장을 노려볼 만해. 그러나 그게 아니라면 기존의 종이책 시장으로 들어가는 게 맞다고. 웬만한 출판사에서는 종이책 이후에 전자책까지 출시하기 때문에 종이책 출간만 된다면 전자책도 나온다고 보면 될 거야. 물론 매출이 없으니까 안 만드는 곳도 있기는 하지. 작은 돈이라지만 비용이 아깝잖아."

“전자책이 더 잘 팔릴 줄 알았습니다.”

“전자책을 보려면 태블릿이 있어야 해. 작은 스마트폰으로 보기에는 여간 불편한 게 아니거든. 그런데 지하철 타 보면 알잖아? 다들 들고 있는 건 스마트폰이야. 더욱이 스마트폰에 재미있는 게 얼마나 많은데. 전자책은 잊는 게 좋아. 아직 우리나라는 종이책 시장이야.”

“알겠습니다.”

“더 질문이 없다는 뜻인가?”

“네, 없습니다.”

“진짜 질문이 없는가?”

곰곰이 생각해 봤는데 더 이상 딱히 떠오르는 질문이 없었다.

“없는 것 같습니다.”

“그럼, 잘 가게나. 독수리 선생이 자네를 배웅해 줄 거야.”

비둘기가 쏜살같이 사라진 뒤 5층 옥상에는 독수리 선생과 나 둘만 남았다.

누구를 위해
책을 쓸 것인가?

독수리 선생은 좁은 공간을 최대한 멀리 돌아서 가속도를 얻더니 그대로 내 어깨를 낚아채고 하늘 높이 솟구쳤다.

"으악! 이게 무슨 짓입니까?"

옥상을 빠져나오자 햇빛에 눈이 부셨다.

"집에 가야지 않겠는가?"

"그렇기는 하지만 이렇게는 아니잖아요?"

"물론이지."

독수리 선생은 점점 창공으로 오르고 있었다. 바람이 거세게 불었다. 발밑으로 까마득히 숲과 건물이 보였다.

"어때? 이토록 높은 곳에서 내려다보면 방금까지 머물렀던 그 집이 작아 보이지?"

“네, 그렇기는 합니다만 너무 무섭습니다.”

“자신감을 가지라고. 5층까지 오르는 동안 수업을 제대로 받았다면 이제 자네 마음속에는 하늘을 찌를 듯한 자신감이 있을 테니 말이야.”

문득 궁금한 게 생겼다.

“그런데 선생님은 제게 무엇을 가르쳐주시려고 저를 여기까지 데려오신 겁니까?”

한동안 독수리 선생은 말이 없었다.

“내가 자네를 데리고 날고 있는 이유는……”

독수리 선생이 입을 연 것은 산 하나를 넘고 있을 때였다.

“오늘 배운 게 전부가 아니라는 걸 알려주기 위해서야.”

“그게 무슨 말입니까? 저는 잘 배웠다고 생각하는데요.”

“오늘 배운 것보다 더 중요한 게 있다는 말이야.”

산줄기 사이로 도로가 보이고 강줄기가 흘렀다.

“이보다 중요한 게 뭔가요?”

“만일 자네 글이 단 한 사람의 마음이라도 움직일 수 있다면 그게 진짜 책이라는 말이야. 그 한 명에게 집중하라고.”

“네? 그 한 명이 누군데요?”

“집에 가서 잘 찾아봐.”

독수리 선생은 마지막 말과 함께 내 어깨를 놓았다. 하늘에 잠시 붕 떠 있던 내 몸은 구름과 바람 사이에서 떠돌다 강력한 중력의 힘을 받으며 끝 모르게 추락했다. 나도 모르게 침을 꿀깍 삼켰다.

목이 말랐다. 눈을 떴다. 아늑한 빛과 온기로 가득한 방이었다. 내 방이었다. 냉수를 들이켰다. 의식이 또렷해졌다. 분명 강물로 추락하고 있었다. 꿈이었다. 손에 쥘 듯 너무도 생생한 꿈이었다. 몸은 눕고 싶었지만 마음에는 절박함이 솟았다. 노트북을 켜고 워드 프로그램을 띄웠다. 커서가 깜박였다. 명멸하는 커서를 가만히 들여다보고 있으려니 5층까지 오르는 동안 만났던 책 쓰기 선생들이 스쳐갔다. 설령 꿈이라도 좋다. 지금과 같은 순간을 맞이하리라고 상상한 적이 없었다. 키보드에 손을 올렸다.

새로 쓰는 나의 책……

일곱 글자를 타이핑하고 잠시 생각에 잠겼다. 글을 지웠다. 그리고 천천히 다음과 같은 글귀를 쳤다.

지금 알고 있는 것을 그때 알았다면……

독수리 선생의 조언에 따라 나는, 회사와 내가 맞지 않는다며 불만을 토로하고 방황하던 그 사람, 즉 예전의 나에게 글을 쓰기 시작했다.

출판사를 사로잡는 책 쓰기 비밀

1판 1쇄 발행 ㅣ 2017년 10월 20일

지은이 ㅣ 류대국, 권병두

펴낸곳 ㅣ 북씽크

펴낸이 ㅣ 강나루

주   소 ㅣ 서울시 서초구 명달로24길 46, 3층 302호

전   화 ㅣ 070 7808 5465

등록번호 ㅣ 제 206-86-53244

ISBN 978-89-87390-11-6 13100